Einfach. Lecker.

LOW CARB

Fühl dich gut – jeden Tag!

Wichtiger Hinweis:

Alle Angaben, Ratschläge und Tipps in diesem Buch wurden nach dem aktuellen Wissensstand sorgfältig erarbeitet. Dennoch erfolgen alle Angaben ohne Gewähr. Verlag und Autoren haften nicht für eventuelle Nachteile und Schäden, die aus den im Buch gemachten praktischen Hinweisen resultieren. Die in diesem Buch enthaltenen Ratschläge ersetzen nicht die Untersuchung und Betreuung durch einen Arzt.

HINWEISE ZUM BUCH

Backofentemperaturen: Die Backofentemperaturen in diesem Buch beziehen sich auf einen Elektroherd mit Ober- und Unterhitze. Falls Sie mit Umluft arbeiten, reduziert sich die Temperatur um 20 °C. Wenn nicht anders angegeben, wird immer die mittleren Einschubleiste des Backofens verwendet.
Pfeffer: Mit der Zutat „Pfeffer" ist immer frisch gemahlener schwarzer Pfeffer aus der Mühle gemeint.
Quicheform: Wenn nicht extra angegeben, werden Quiches und Tartes mit einem Durchmesser von 26 cm gebacken.

ABKÜRZUNGEN

ca. = circa	kJ = Kilojoule
cl = Zentiliter	l = Liter
cm = Zentimeter	Min. = Minuten
El = Esslöffel	ml = Milliliter
FP = Fertigprodukt	Std. = Stunde
g = Gramm	TK = Tiefkühlprodukt
kcal = Kilokalorien	Tl = Teelöffel
kg = Kilogramm	Ø = Durchmesser

BILDNACHWEIS

TEXTE

Einleitung:
Marie Gründel

Rezepte:
Sophie Bromberg (S. 8, 11, 14. 16. 44 und 62), Anne Peters (S. 10, 17, 19, 21, 22, 55, 69, 73, 80, 82 und 84), Simone Filipowsky (S. 13, 15, 32, 34, 37 und 91), Leonie Oertel (S. 18), Christina Wiedemann (S. 23, 26, 27, 46 und 92), Nina Engels (S. 24, 49 und 70), Guido Gravelius (S. 33, 38 und 89), Marie Gründel (S. 40, 43, 50, 52, 56, 59, 60, 61, 66, 72, 74, 81, 86, 87, 94 und 95), Susanne Grüneklee (S. 90), Verlagsarchiv (alle übrigen)

FOTOS

TLC Fotostudio (S. 3 [li. u. re.], 9, 10, 11, 12, 14, 16, 17, 18, 19, 23, 25, 29, 30, 35, 36, 45, 48, 51, 53, 54, 63, 64, 71, 75, 79, 85, 86, 87, 94 und 95), Fotolia.com: © michaeljung (S. 4), © sonyakamoz (S. 6), Kay Johannsen (S. 5, 15, 32, 33, 39 und 88), Studio Klaus Arras (S. 3 [Mitte], 20, 22, 26, 27, 41, 42, 47, 57, 58, 60, 61, 67, 68, 72, 73, 76, 80, 81, 83, 90 und 91), Maria Brinkop (S. 93)

INHALT

ABNEHMEN MIT GENUSS

Kohlenhydrate mussten in letzter Zeit massive Kritik einstecken: Sie seien schuld am stetig steigenden Übergewicht und weiteren Krankheiten. Nudeln, Reis, Kartoffeln, Brot und Brötchen bestimmen nahezu jede Mahlzeit, Kuchen und Gebäck gibt es an jeder Ecke – die gesamte westliche Ernährung ist auf Kohlenhydrate als Hauptenergiespender ausgerichtet. Seit Kindesbeinen an gibt es Müsli oder Toastbrot zum Frühstück, Pausenbrot in der Schule, Nudeln oder Pizza zum Mittag und Käse- oder Wurstbrot zum Abendessen. Und das soll jetzt plötzlich krank machen?

WUNDERWAFFE LOW CARB

Der Begriff „Low Carb" stammt aus dem Englischen. „Carb" steht für „Carbohydrates" und bedeutet „Kohlenhydrate". Low Carb heißt also nichts anderes als „wenig Kohlenhydrate". Menschen, die Übergewicht reduzieren oder ihrer Gesundheit etwas Gutes tun wollen, reduzieren Kohlenhydrate. Vor allem die kurzkettigen Kohlenhydrate aus Weißmehl und Zucker sollten zu diesem Zweck eingespart und ersetzt werden, denn diese verursachen Blutzuckerschwankungen mit einhergehendem Heißhunger und der Gefahr für Übergewicht. Wer kohlenhydratreduziert isst und seinen Teller mit magerem Protein und guten Fettquellen füllt, kann damit Übergewicht bekämpfen und Gewicht verlieren.

Das Low-Carb-Programm in diesem Buch sieht eine kohlenhydratmodifizierte Ernährung mit einem Kohlenhydratanteil von möglichst unter 40 % am Tag vor. Das lässt sich gut durchhalten, ist im Alltag einfach umzusetzen und dennoch klappt das Abnehmen besser, weil durch die geringeren Insulinmengen der Fettabbau ermöglicht wird.

LOW-CARB-VARIANTEN

Während in den 1970er Jahren eine Ernährung mit einem Kohlenhydratanteil von 15 % vorgesehen wurde (Dr. Robert Atkins, Kardiologe), gehen die meisten heutigen Empfehlungen mit der Kohlenhydratmenge moderater um.

WORIN VERSTECKEN SICH KOHLENHYDRATE?

Wer auf Kohlenhydrate verzichten oder diese zumindest reduzieren möchte, muss wissen, worin sich diese befinden, teilweise gar verstecken. Als grobe Faustregel gilt: Alles mit Zucker, Stärke

Die besten Low-Carb-Alternativen

Unsere Tabelle bietet einen Überblick wie Sie viele Kohlenhydrate locker einsparen können:

Pasta (z.B. Spaghetti)
68 g KH • 352 kcal *

Gemüsenudeln (z.B. aus Zucchini)
2 g KH • 19 kcal *

Reis
78 g KH • 349 kcal *

Gemüsereis (z. B. aus Blumenkohl)
2 g KH • 23 kcal *

Weißbrot/Toastbrot
48 g KH • 253 kcal *

Eiweißbrot
8 g KH • 255 kcal *

Vollkornbrot
38 g KH • 188 kcal *

Eiweißbrot
8 g KH • 255 kcal *

Weizenmehl (Type 405)
71 g KH • 337 kcal *

Mandelmehl
6 g KH • 610 kcal *

Kartoffelpüree
11 g KH • 78 kcal *

Selleriepüree
3 g KH • 66 kcal *

Zucker
100 g KH • 405 kcal *

Kokosblütenzucker
94 g KH • 384 kcal *

* KH • kcal pro 100 g

oder Getreide enthält Kohlenhydrate. Damit fallen auch viele schnelle Snacks, Lieblingsgerichte und typische Beilagen weg. Brot, Brötchen, Kuchen, Gebäck, Nudeln, Kartoffeln, Reis, Mehl, Pommes, Pizza und Döner … das alles ist nicht mehr in größeren Mengen erlaubt. Aber auch die meisten Obstsorten enthalten jede Menge Kohlenhydrate in Form von Fruchtzucker. Versteckte Kohlenhydrate lauern vor allem dort, wo man sie nicht vermutet: In Ketchup, Fruchtjoghurt, Pflanzenmilch (Soja-, Hafer-, Reis-, Mandelmilch), Fertigsaucen, Rotkohl im Glas, Crema di Balsamico etc.

WAS IST LOW-CARB-TAUGLICH?

Um sich im Kohlenhydratdschungel zurechtzufinden, helfen ganz allgemein zwei einfache Faustregeln:

Vermieden werden sollten zu viele Kohlenhydrate aus Zucker, Stärke, Getreide und Teigwaren.

Zugegriffen werden darf bei Fleisch, Fisch, naturbelassenen Milchprodukten, naturbelassenen Sojaprodukten, Seitan, Eiern, Nüssen und Samen, Öl, grünem Gemüse wie etwa grüne Bohnen, Gurke oder Mangold.

Low-Carb-tauglich

- Fleisch
- Fisch
- naturbelassene Milchprodukte
- naturbelassene Sojaprodukte
- Seitan
- Eier
- Nüsse und Samen
- Öl
- grünes Gemüse

Nicht Low-Carb-tauglich

- Lebensmittel mit Zucker
- Stärkehaltige Lebensmittel
- Lebensmittel aus Getreide
- Teigwaren

Am besten Sie denken gar nicht so viel darüber nach, was Sie nicht mehr dürfen. Damit die neuen Lebensmittel in Ihrem geänderten Speiseplan bald zur Routine werden, konzentrieren und freuen Sie sich auf und über das, was ab jetzt auf Ihren Teller kommt. Denn mit den richtigen Rezepten macht Low Carb auch kulinarisch betrachtet sehr viel Spaß.

Kohlenhydratarme Lebensmittel	
Fleisch	Schweinefleisch, Rindfleisch, Lammfleisch, Geflügel, Wild, Wurstwaren (Natur)
Fisch	Lachs (Pazifik), Hering (Atlantik), Kabeljau (Ostsee) und andere Fische aus nachhaltiger Fischerei
Gemüse & Salat	Blumenkohl, Spinat, grüne Bohnen, Auberginen, Sauerkraut, Spargel, Gurken, Tomaten, Zucchini, Weißkohl, Wirsing, Zwiebeln, Rhabarber, Feldsalat, Blattsalat
Obst	Papaya, Brombeeren, Himbeeren, Zitrone, Avocado
Nüsse & Samen	Leinsamen, Pekannüsse, Pistazien, Paranüsse, Mandeln, Macadamianüsse, Kokosnüsse, Mohn
Milch & Milchprodukte	Kuhmilch, Schafmilch, Sojamilch (ungesüßt), Buttermilch (Natur), Kefir (Natur), Joghurt (Natur), Crème fraîche, Sahne, Schmand, Feta, Frischkäse, Hartkäse, Weichkäse, Mascarpone, Ricotta, Quark
Sojaprodukte	Tofu (Natur), Räuchertofu, Seitan (Natur), Sojaschnetzel
Eier	

Low-Carb-Wochenplan

	Frühstück	Mittagessen	Abendessen
Montag	Paprikamuffins mit Schinken ▶ S. 11	Ofentomaten mit Salsiccia ▶ S. 59	Gefüllte Paprika ▶ S. 82
Dienstag	Mediterrane Frittata ▶ S. 37	Hackfleischsuppe ▶ S. 18	Lachspäckchen ▶ S. 74
Mittwoch	Knusper-Kokosmüsli ▶ S. 16	Zucchini-Enchilada ▶ S. 56	Suppe mit Kohlrabispaghetti ▶ S. 23
Donnerstag	Saftiges Tomatenrührei ▶ S. 10	Schweineröllchen ▶ S. 65	Krabbensalat ▶ S. 32
Freitag	Erdbeer-Smoothie ▶ S. 17	Forellenfilet mit Zitronenöl ▶ S. 72	Fleischküchlein ▶ S. 55
Samstag	Salbei-Spiegeleier ▶ S. 8	Caesars Salad ▶ S. 24	Mini-Pizza ▶ S. 34
Sonntag	Dinkelpancakes ▶ S. 15	Dillcremesuppe mit Lachs ▶ S. 22	Schweinefilet ▶ S. 62

Low-Carb-Wochenplan vegetarisch

	Frühstück	Mittagessen	Abendessen
Montag	Erdbeer-Smoothie ▶ S. 17	Zucchinipuffer ▶ S. 50	Möhrensuppe mit Ingwer ▶ S. 19
Dienstag	Saftiges Tomatenrührei ▶ S. 10	Champignoncremesuppe ▶ S. 21	Bunter Coleslaw ▶ S. 26
Mittwoch	Quarkmuffins ▶ S. 94	Bunter Eiersalat ▶ S. 28	Flammkuchen ▶ S. 43
Donnerstag	Knusper-Kokosmüsli ▶ S. 16	Spargel mit Vinaigrette ▶ S. 38	Griechischer Salat ▶ S. 27
Freitag	Kräuteromelett ▶ S. 52	Scharfe Spaghetti ▶ S. 46	Sommersalat mit Ziegenkäse ▶ S. 33
Samstag	Apfelpancakes ▶ S. 14	Zucchinipuffer ▶ S. 50	Spargel-Artischocken-Salat ▶ S. 31
Sonntag	Shakshuka ▶ S. 13	Mediterrane Frittata ▶ S. 37	Pesto-Pizza ▶ S. 40

SALBEI-SPIEGELEIER
mit Zwiebeln

FÜR 4 PORTIONEN

2 Zwiebeln
½ Bund Salbei
3 El Butterschmalz
1 ½ El Kokosmehl
Salz
1 Tl edelsüßes Paprikapulver
8 Eier
Pfeffer

Zubereitungszeit: *ca. 20 Minuten*
(plus Garzeit)
Pro Portion *ca. 294 kcal/1231 kJ,*
16 g E, 24 g F, 4 g KH

1. Die Zwiebeln schälen und in dünne Ringe schneiden. Den Salbei waschen, trocken schütteln und die Blättchen abzupfen.

2. Die Hälfte des Butterschmalzes in einer Pfanne erhitzen und die Salbeiblätter darin knusprig braten. Anschließend herausnehmen und auf Küchenpapier abtropfen lassen.

3. Das restliche Butterschmalz in der Pfanne erhitzen, die Zwiebelringe hineingeben, dünn mit dem Kokosmehl bestäuben und bei mittlerer Hitze 5–10 Minuten in der Pfanne braten, dabei gelegentlich umrühren. Mit Salz und Paprikapulver würzen.

4. Die Eier einzeln auf die heißen Zwiebeln schlagen. Dabei die Zwiebeln mit dem Kochlöffel etwas verschieben, damit die Eier auf den Pfannenboden sinken, dadurch mehr Hitze bekommen und schneller stocken.

5. Abgedeckt bei mittlerer Hitze etwa 10 Minuten stocken lassen. Vom Herd nehmen und mit Salz und Pfeffer würzen. Den gerösteten Salbei darüberstreuen.

VARIATION

Für die Spiegeleier eignen sich auch Gemüsezwiebeln wunderbar, denn sie sind milder im Geschmack und nicht so scharf.

Wer keinen Salbei mag, kann einfach eine Handvoll frisch gehackte Kräuter nach Belieben über die fertigen Speiegeleier geben.

TOMATENRÜHREI

mit Sesam und Koriander

FÜR 4 PORTIONEN

ZUTATEN

½ Tl Sesam
½ Tl Koriandersaat
Salz
4 Tomaten
1 Zwiebel
8 Eier
2 El Vollmilch
2 El Butterschmalz
1 Prise Zucker
Pfeffer

Pro Portion ca. 258 kcal/1080 kJ, 16 g E, 10 g F, 4 g KH
Zubereitungszeit: ca. 20 Minuten

1. Den Sesam und die Koriandersaat in einer Pfanne ohne Fett rösten, bis der Sesam goldbraun ist und der Koriander duftet. Beides in einen Mörser geben und mit ¼ Teelöffel Salz fein zerstoßen.

2. Die Tomaten waschen, halbieren, die Stielansätze herausschneiden und entkernen. Das Fruchtfleisch würfeln. Die Zwiebel schälen und fein würfeln. Die Eier mit der Milch verquirlen.

3. In einer beschichteten Pfanne bei mittlerer Hitze das Butterschmalz zerlassen. Die Tomaten und die Zwiebeln mit dem Zucker darin andünsten, bis die Zwiebeln glasig sind und die Feuchtigkeit der Tomaten verdunstet ist.

4. Die Eier zufügen und ca. 1 Minute stocken lassen. Mit der Sesam-Koriander-Mischung und etwas Pfeffer bestreuen und unter Rühren garen lassen. Mit Salz abschmecken und sofort servieren.

PAPRIKAMUFFINS
mit Schinken

FÜR 6 STÜCK

ZUTATEN

175 g Kochschinken
1 rote Paprikaschote
2 Zwiebeln
6 Eier
Salz
Pfeffer

Außerdem
Kokosöl für das Muffinblech

Pro Stück ca. 124 kcal/519 kJ, 13 g E, 7 g F, 2 g KH
Zubereitungszeit: ca. 10 Minuten (plus Backzeit)

1. Den Backofen auf 180 °C vorheizen. Ein 6er-Muffinblech einfetten.

2. Den Schinken fein würfeln, die Paprikaschote waschen, trocken tupfen, längs halbieren, Kerne und Scheidewände sowie Stielansätze entfernen und das Fruchtfleisch fein würfeln. Die Zwiebeln schälen und fein würfeln.

3. Die Eier in einer großen Schüssel verquirlen, dann Schinken, Paprika, Zwiebeln, Salz, Pfeffer und 2 El Wasser damit verrühren. In die Muffinförmchen verteilen und im vorgeheizten Backofen 18–20 Minuten backen, bis die Muffins in der Mitte gestockt sind (Stäbchenprobe machen). Noch warm aus dem Blech lösen.

SHAKSHUKA

FÜR 4 PORTIONEN

½ Bund glatte Petersilie
½ Bund Koriander
2 rote Paprikaschoten
2 gelbe Paprikaschoten
2 mittelgroße Zwiebeln
2 Knoblauchzehen
50 ml Öl
1 Tl Kreuzkümmel
1 Dose Tomaten (400 g)
2 Prisen Safran
1 Lorbeerblatt
Salz
Pfeffer
4 Eier

Außerdem
Fett für die Form

Zubereitungszeit: *ca. 20 Minuten*
(plus Gar- und Backzeit)
Pro Portion *ca. 268 kcal/1122 kJ,*
10 g E, 19 g F, 14 g KH

1. Kräuter waschen, trocken schütteln, die Blättchen von den Stielen zupfen und fein hacken. Die Paprikaschoten halbieren, putzen, waschen, trocken tupfen und in kleine Würfel schneiden. Zwiebeln und Knoblauch schälen, ebenfalls hacken.

2. Das Öl in einem Topf erhitzen. Zwiebeln und Knoblauch mit dem Kreuzkümmel hineingeben und unter Rühren ca. 5 Minuten andünsten. Paprikawürfel hinzugeben und weitere 5 Minuten unter Rühren dünsten. Tomaten aus der Dose, Safran und Lorbeerblatt hinzufügen. Kräftig salzen und pfeffern und alles etwa 30 Minuten bei ganz milder Hitze und ohne Deckel sieden lassen.

3. Den Backofen auf 180 °C vorheizen. Eine Auflaufform einfetten. Paprika-Tomaten-Mischung mit Salz und Pfeffer gut abschmecken und in die Auflaufform füllen.

4. Eine Kelle auf der Shakshuka platzieren, 1 Ei hineinschlagen, die Kelle leicht in die Masse drücken und das Ei in die so entstandene Mulde gleiten lassen. Mit den restlichen Eiern ebenso verfahren. Shakshuka 13–20 Minuten backen, bis die Eier den gewünschten Gargrad haben.

INFO

Die Shakshouka ist ein traditionelles Gericht aus der nordafrikanischen und israelischen Küche. Sie wird zwar üblicherweise zum Frühstück verzehrt, eignet sich aber auch hervorragend als Abendessen.

Wer die Shakshouka schärfer mag, gibt noch etwas Chilipulver hinzu. 70 g zerbröselter Feta verleihen dem Gericht eine ganz besondere Note.

APFELPANCAKES

mit Haselnüssen

FÜR 6 STÜCK

ZUTATEN

140 g Haselnüsse
2 ½ El Kokosöl und etwas zum Ausbacken
1 El Kokosmehl
8 Eier
150 g Apfelmus
1 kleiner leicht säuerlicher Apfel

Pro Stück ca. 357 kcal/1495 kJ, 12 g E, 29 g F, 10 g KH
Zubereitungszeit: ca. 30 Minuten

1. Nüsse, Kokosöl, Kokosmehl, Eier und Apfelmus zusammen im Mixer pürieren. Den Apfel waschen, vierteln, das Kerngehäuse entfernen und die Viertel in sehr feine Scheiben schneiden. Unter den Teig heben.

2. Kokosöl in einer Pfanne bei mittlerer Hitze erhitzen. Ein Sechstel des Teiges in die Pfanne geben und 6–7 Minuten auf einer Seite backen. Dann vorsichtig wenden und noch etwa 3 Minuten goldbraun backen. Auf diese Weise nach und nach 6 Pancakes ausbacken.

DINKELPANCAKES
mit Preisbeercreme
FÜR 18 STÜCK

ZUTATEN

Für die Pancakes
200 g Dinkelmehl (Type 630)
1 El Zucker
2 Prisen Salz
Mark von 1 Vanilleschote
1 Msp. gemahlener Kardamom
1 Tl Backpulver
1 Tl Natron
360 ml Buttermilch
2 Eier

Für die Preiselbeercreme
100 g Doppelrahmfrischkäse
100 g Preiselbeerkompott

Außerdem
Öl zum Ausbacken
frische Beeren nach Wahl, z. B.
Himbeeren oder Blaubeeren

Pro Stück ca. 96 kcal/402 kJ,
3 g E, 5 g F, 10 g KH
Zubereitungszeit: ca. 10 Minuten
(plus Garzeit)

1. Alle trockenen Zutaten für die Pancakes miteinander in einer Schüssel verrühren. Buttermilch mit Eiern in einer anderen ausreichend großen Schüssel verquirlen. Die Mehlmischung rührend in mehreren Schüben gleichmäßig unter die Milch-Eier-Mischung rühren. Den Teig für 10 Minuten stehen lassen und währenddessen die Preiselbeercreme zubereiten.

2. Dafür Frischkäse und Preiselbeerkompott mit einem Schneebesen gleichmäßig verschlagen und in Schälchen füllen.

3. Fett in einer Pfanne erhitzen und die Pancakes nacheinander von beiden Seiten 2–3 Minuten backen. Fertige Pancakes warmstellen.

4. Die Pancakes warm mit Preiselbeercreme und frischen Beeren servieren.

KNUSPER-KOKOSMÜSLI
mit Mandeln

FÜR 8–10 PORTIONEN

ZUTATEN

6 Eiweiß
Steviapulver (Menge nach Wunsch)
300 g Kokosraspel
60 g gehackte Mandeln
30 g Sonnenblumenkerne
30 g Kürbiskerne
1 El Mandelmehl

Pro Portion ca. 276 kcal/1156 kJ, 7 g E, 26 g F, 3 g KH
Zubereitungszeit: ca. 10 Minuten
(plus Backzeit und Zeit zum Abkühlen)

1. Den Backofen auf 140 °C vorheizen. Die Eiweiße mit Stevia nach Wunsch vermischen. Kokosraspel, Mandeln, Sonnenblumen- und Kürbiskerne sowie das Mandelmehl in einer Schüssel vermischen. Eiweiße zugeben und unterrühren.

2. Die Mischung auf einem mit Backpapier belegten Blech verteilen und 50–60 Minuten im Ofen backen, dabei einige Male umrühren. Wenn die Masse etwas braun geworden ist, aus dem Ofen nehmen. Mit einem sauberen Küchentuch bedecken und mit den Händen flach drücken. Etwa 20 Minuten abkühlen lassen. In Stücke brechen und portionsweise mit Mandel- oder Kokosmilch genießen.

ERDBEER-SMOOTHIE

mit Kokos

FÜR 4 PORTIONEN

ZUTATEN

400 g reife Erdbeeren
4 El Kokosraspel
1 Tl Honig
1 Tl Kardamom
300 ml Vollmilch
300 ml Buttermilch
8 Eiswürfel

Pro Portion ca. 191 kcal/800 kJ, 6 g E, 12 g F, 14 g KH
Zubereitungszeit: ca. 15 Minuten

1. Die Erdbeeren verlesen, waschen und putzen. Die Kokosraspeln in einer Pfanne ohne Fett rösten.

2. Erdbeeren und Kokosraspel zusammen mit allen anderen Zutaten in einen Standmixer geben und alles zu einem cremigen Smoothie verrühren. Eiskalt servieren.

INFO

Erdbeeren sind mit nur 34 Kilokalorien pro 100 g sehr kalorienarm, haben dabei aber einen hohen Anteil an wertvollen Ballaststoffen. Durch ihren vergleichsweise hohen Kaliumgehalt wirken sie zudem entwässernd.

VARIATION

Der Smoothie schmeckt auch toll mit Him- oder Blaubeeren oder einer Mischung aus beidem.

HACKFLEISCHSUPPE
mit Lauch und Mais
FÜR 4–6 PORTIONEN

ZUTATEN

½ Bund glatte Petersilie
2 dünne Stangen Lauch
½ Gemüsezwiebel
2 El Olivenöl
250 g Schweinehackfleisch
250 g Rinderhackfleisch
900 ml Gemüsebrühe
1 Dose Mais (140 g
Abtropfgewicht)
200 ml Sahne
1 Lorbeerblatt
Salz
Pfeffer

Pro Portion ca. 525 kcal/2198 kJ,
22 g E, 45 g F, 10 g KH
Zubereitungszeit: ca. 25 Minuten
(plus Garzeit)

1. Die Petersilie waschen, trocken schütteln, die Blättchen von den Stielen zupfen und hacken. Lauch waschen, putzen und das Weiße und Hellgrüne in feine Ringe schneiden. Die Gemüsezwiebel schälen und hacken.

2. Das Öl in einem Topf erhitzen. Die Zwiebel darin etwa 3 Minuten andünsten. Den Lauch hinzugeben und beides 3 weitere Minuten dünsten. Beide Hackfleischsorten hinzugeben. Etwa 5 Minuten anbraten, dabei mit dem Kochlöffel zerdrücken, sodass es krümelig wird.

3. Die Gemüsebrühe hinzugießen. Den Mais abgießen und ebenfalls hinzugeben. Sahne und Lorbeerblatt unterrühren. Alles mit Salz und Pfeffer würzen, dann mit geschlossenem Deckel und bei milder Hitze etwa 20 Minuten köcheln lassen.

4. Das Lorbeerblatt entfernen und ⅔ der Petersilie unterrühren. Die Suppe nochmals mit Salz und Pfeffer abschmecken und mit der restlichen Petersilie bestreut servieren.

MÖHRENSUPPE
mit Ingwer
FÜR 4 PORTIONEN

ZUTATEN

200 g Lauch
200 g Knollensellerie
1 Schalotte
1 Knoblauchzehe
600 g Möhren
2 El Olivenöl
1 El frisch geriebener Ingwer
1,5 l Gemüsebrühe
200 ml Sahne
Salz
Pfeffer

Pro Portion ca. 441 kcal/1846 kJ, 28 g E, 31 g F, 15 g KH
Zubereitungszeit: ca. 25 Minuten (plus Garzeit)

1. Den Lauch waschen, putzen und in Ringe schneiden. Den Sellerie schälen und fein würfeln. Schalotte und Knoblauch schälen und in dünne Scheiben schneiden. Die Möhren gründlich waschen, putzen und mit Schale fein raspeln.

2. Das Olivenöl in einem großen Topf erhitzen und das Gemüse mit dem Ingwer einige Minuten weich dünsten. Die Brühe zugeben und alles ca. 20 Minuten köcheln lassen. Die Suppe fein pürieren.

3. Die Sahne angießen und die Suppe mit Salz und Pfeffer abschmecken. Erneut vorsichtig erhitzen, aber nicht mehr kochen lassen, dann servieren.

SUPPEN, SALATE & SNACKS

CHAMPIGNONCREMESUPPE
mit Thymian und Knoblauch

FÜR 4 PORTIONEN

25 g getrocknete Steinpilze
1 Zwiebel
1 Knoblauchzehe
2 Zweige frischer Thymian
600 g weiße Champignons
50 g Butter
abgeriebene Schale von
½ unbehandelten Zitrone
850 ml Gemüsebrühe
Salz
Pfeffer
200 ml Crème fraîche

Zubereitungszeit: *ca. 30 Minuten*
(plus Zeit zum Ziehen)
Pro Portion *ca. 319 kcal/1335 kJ,*
10 g E, 30 g F, 4 g KH

1. Die Steinpilze mit 150 Milliliter kochendem Wasser übergießen und über Nacht ziehen lassen.

2. Zwiebel und Knoblauch schälen und fein hacken. Den Thymian waschen, trocken schütteln und die Blättchen abzupfen. Die Champignons putzen und in dünne Scheiben schneiden.

3. Die Hälfte der Butter in einem Topf erhitzen und Zwiebel, Knoblauch, Thymian und Zitronenabrieb ca. 3 Minuten dünsten.

4. 400 Gramm Champignons, die Steinpilze mit dem Einweichwasser und die Brühe zugießen und ca. 15 Minuten köcheln lassen.

5. Die restliche Butter in einer Pfanne erhitzen und die restlichen 200 Gramm Champignons darin scharf braten. Mit Salz und Pfeffer würzen und warm stellen.

6. Die Suppe pürieren, die Crème fraîche einrühren, weitere 2 Minuten köcheln lassen und die Suppe nochmals abschmecken. Mit den gebratenen Champignons servieren.

INFO

Steinpilze sind nur sehr selten frisch zu bekommen, aber die getrocknete Variante ist eine hervorragende Alternative. Zudem sind sie oft auch geschmacksintensiver. Wichtig ist, sie ausreichend lang, am besten über Nacht, in warmem Wasser einweichen zu lassen.

DILLCREMESUPPE

mit Lachs

FÜR 4–6 PORTIONEN

ZUTATEN

1 Zwiebel
2 Bund frischer Dill
150 g Räucherlachs
1 El Ghee oder Butterschmalz
800 ml Rindfleischbrühe
200 g Frischkäse
Salz
Pfeffer
200 ml frische Vollmilch

Pro Portion ca. 387 kcal/1620 kJ, 27 g E, 29 g F, 6 g KH
Zubereitungszeit: ca. 20 Minuten

1. Die Zwiebel schälen und fein hacken. Den Dill waschen, trocken schütteln und die Spitzen abzupfen. Etwas Dill als Dekoration beiseitelegen, den restlichen Dill fein hacken. Den Lachs in Streifen schneiden.

2. Das Ghee oder Butterschmalz in einem Topf erhitzen und die Zwiebel darin anbraten, bis sie leicht gebräunt ist. Brühe und Dill zugeben und ca. 5 Minuten köcheln lassen. Den Frischkäse zugeben und bei geringer Hitze weitere 5 Minuten köcheln lassen. Mit Salz und Pfeffer kräftig würzen.

3. Die Milch angießen, erwärmen, aber nicht mehr kochen lassen, und mit einem Pürierstab cremig bis schaumig pürieren. Die Suppe in Tellern anrichten, den Lachs darin verteilen und mit dem übrigen Dill garnieren.

CREMESUPPE
mit Kohlrabispaghetti und Räucherforelle

FÜR 4 PORTIONEN

ZUTATEN

2 große Knollen Kohlrabi
1 Zwiebel
2 El Butter
250 ml Weißwein
800 ml Gemüsebrühe
200 ml Sahne
2 El frisch gehackter Dill
Saft von ½ Zitrone
Salz
Pfeffer
200 g geräucherte Forellenfilets

Pro Portion ca. 401 kcal/1679 kJ, 18 g E, 25 g F, 14 g KH
Zubereitungszeit: ca. 25 Minuten

1. Die Kohlrabi schälen, die Enden abschneiden, Kohlrabi vierteln und mit dem Spiralschneider in dünne Spaghetti schneiden, zwischendurch die Kohlrabinudeln kürzen. Die Zwiebel schälen und fein würfeln.

2. In einem großen Topf die Butter erhitzen. Die Zwiebel 2–3 Minuten anschwitzen. Mit Weißwein und Gemüsebrühe aufgießen und alles aufkochen lassen. Die Kohlrabinudeln hinzugeben und alles ca. 2 Minuten köcheln, bis die Kohlrabinudeln weich, aber noch bissfest sind.

3. Die Sahne dazugeben, die Suppe einmal aufkochen und mit Dill, Zitronensaft, Salz und Pfeffer abschmecken. Die Suppe in tiefe Teller verteilen und mit Räucherforelle servieren.

TIPP

Wenn die Kohlrabiknollen noch schönes Grün haben, können die Blätter natürlich auch mitverwendet werden. Einfach waschen, in Streifen schneiden und mit den Kohlrabispaghetti in den Topf geben.

SUPPEN, SALATE & SNACKS

CAESARS SALAD

FÜR 4 PORTIONEN

Für den Salat
4 Römersalatherzen
100 g Frühstücksspeck
4 Scheiben Toastbrot
2 El Butter
1 El Sonnenblumenöl

Für das Dressing
1 Ei
3 Sardellenfilets
1 Knoblauchzehe
4 El Zitronensaft
1 El Senf
1 Tl Worcestersauce
100 ml Olivenöl
Salz
Pfeffer

Außerdem
100 g Parmesan

Zubereitungszeit: *ca. 40 Minuten*
Pro Portion *ca. 630 kcal/2638 kJ,*
15 g E, 58 g F, 12 g KH

1. Die Salatherzen putzen, waschen, trocken schleudern und in mundgerechte Stücke teilen. In eine Schüssel geben.

2. Frühstücksspeck in Stifte schneiden und in einer Pfanne ohne Fettzugabe kross braten. Dann auf Küchenkrepp abtropfen lassen. Toastbrot entrinden und klein würfeln.

3. Butter und Sonnenblumenöl in der Speckpfanne erhitzen und die Brotwürfel darin von allen Seiten kross anbraten. Auf Küchenkrepp abtropfen lassen.

4. Das Ei 4–5 Minuten in kochendem Wasser kochen. Eiweiß und Eigelb trennen. Das Eigelb in ein hohes Püriergefäß geben, das Eiweiß anderweitig verwenden.

5. Sardellenfilets abspülen und trocken tupfen. Die Knoblauchzehe schälen und grob zerkleinern. Beides mit Zitronensaft, Senf und Worcestersauce zum Eigelb geben und pürieren. Dann langsam das Olivenöl untermixen. Mit Salz und Pfeffer abschmecken und mit dem Salat vermengen.

6. Auf Tellern anrichten, mit Speck und Croûtons bestreuen. Den Parmesan in Spänen darüberhobeln und sofort servieren.

BUNTER COLESLAW
mit Tahin-Dressing
FÜR 4 PORTIONEN

ZUTATEN

Für den Salat
½ Weißkohl
½ Rotkohl
1 rote Paprikaschote
1 gelbe Paprikaschote
1 Bund Frühlingszwiebeln
2 mittelgroße Möhren
2 El schwarzer Sesam

Für das Dressing
1 kleine Knoblauchzehe
Saft von 1 Zitrone
60 g Tahin (Sesammus)
1–2 El Ahornsirup
Salz
Pfeffer

Pro Portion ca. 110 kcal/461 kJ,
4 g E, 3 g F, 14 g KH
Zubereitungszeit: ca. 25 Minuten

1. Vom Weißkohl und Rotkohl die äußeren Blätter entfernen, den Kohl halbieren und dabei den Strunk entfernen. Alles in feine Streifen schneiden. Die Paprikaschoten putzen, waschen und trocken tupfen. In dünne Streifen schneiden. Die Frühlingszwiebeln putzen, waschen und schräg in Ringe schneiden. Die Möhren schälen, die Enden abschneiden und mit dem Spiralschneider in dünne Spaghetti schneiden, zwischendurch kürzen.

2. Für das Dressing die Knoblauchzehe schälen und fein hacken. Mit den restlichen Dressingzutaten sowie 50 ml Wasser verrühren, bis die Masse eine sämige Konsistenz hat.

3. Das Gemüse in einer großen Schüssel mit dem Dressing vermischen. Den schwarzen Sesam darüberstreuen und sofort servieren.

GRIECHISCHER SALAT

mit Gemüsenudeln

FÜR 4 PORTIONEN

ZUTATEN

Für den Salat

200 g Schafskäse
100 g Cocktailtomaten
4 Stiele Minze
2 rote Zwiebeln
2 Gurken
1 Bund Radieschen

Für das Dressing

3 El Olivenöl
2 El Aceto balsamico
1 El Dijonsenf
1 El Honig
Salz
Pfeffer

Pro Portion ca. 264 kcal/1105 kJ,
10 g E, 20 g F, 9 g KH
Zubereitungszeit: ca. 25 Minuten

1. Den Schafskäse klein würfeln. Die Tomaten waschen, trocknen, putzen und vierteln. Die Minze waschen, trocken schütteln, die Blättchen abzupfen und fein hacken. Zwiebeln und Gurken schälen, die Enden abschneiden. Die Radieschen waschen und putzen. Zwiebel und Radieschen in dünne Streifen schneiden. Die Gurke in breite Bandnudeln schneiden, zwischendurch die Gurkennudeln kürzen.

2. Für das Dressing alle Zutaten mit 4 Esslöffeln Wasser verquirlen. Mit Salz und Pfeffer würzen.

3. Die Gurkennudeln auf Teller anrichten, den Schafskäse und die Tomaten darauf verteilen und mit den Radieschen- und den Zwiebelstreifen belegen. Die Minze darüberstreuen, mit dem Dressing beträufeln und servieren.

Bunter
EIERSALAT

FÜR 4 PORTIONEN

6 Eier
½ rote Zwiebel
4 Cornichons
2 große Eigelb
Salz
2 Tl Zitronensaft
½ Tl scharfer Senf
125 ml kalt gepresstes Pflanzenöl
1 El Cornichon-Flüssigkeit aus dem Glas
Pfeffer
edelsüßes Paprikapulver
½ Bund Schnittlauch

Zubereitungszeit: *ca. 20 Minuten*
(plus Garzeit)
Pro Portion *ca. 190 kcal/795 kJ,*
13 g E, 15 g F, 2 g KH

1. Die Eier 10 Minuten hart kochen. Danach abschrecken und schälen. Die Eier mit dem Eierschneider in gleichmäßige Scheiben schneiden und in eine Schüssel geben.

2. Die Zwiebel abziehen und fein würfeln. Die Cornichons in Scheiben schneiden. Beides in die Schüssel zu den Eierscheiben geben.

3. Die Eigelbe in einer Schüssel mit 1 Prise Salz, 1 Tl Zitronensaft und dem Senf schaumig rühren. Das Pflanzenöl erst tropfenweise, dann in dünnem Strahl dazugeben und mit dem Schneebesen eine cremige Masse schlagen. Zuletzt etwa 1 Tl Zitronensaft unterrühren sowie 1 El von der Cornichon-Flüssigkeit aus dem Glas.

4. Die Mayonnaise über die Ei-Gemüse-Mischung in der Schüssel geben und vorsichtig unterheben. Mit Salz, Pfeffer und Paprikapulver abschmecken.

5. Den Schnittlauch waschen, trocken schütteln und in Röllchen schneiden. Eiersalat mit Schnittlauchröllchen bestreut servieren.

TIPPS

Achten Sie darauf, dass Sie für die Mayonnaise nur ganz frisches Eigelb verwenden und die Mayonnaise nach dem Zubereiten sofort kühl stellen, wenn Sie sie nicht gleich servieren. Sie sollte auch nicht länger als 2 Tage im Kühlschrank aufbewahrt werden.

Damit die Mayonnaise schön cremig wird, ist es wichtig, das Öl nur tropfenweise unterzurühren. Zu fest gewordene Mayonnaise können Sie mit Wasser oder Zitronensaft verdünnen.

SPARGELSALAT

mit Artischocken und Tomaten

FÜR 4 PORTIONEN

500 g geschälter, weißer Spargel
Salz
Zucker
2 Scheiben Vollkorntoast
1 El Butter
200 g Cocktailtomaten
1 grüne Paprikaschote
1 gelbe Paprikaschote
200 g Artischockenböden aus der Dose
1 große Schalotte
1 Kopf Friséesalat
5 El Estragonessig
6 El Walnussöl
1 Tl Dijon-Senf
Pfeffer
½ Bund Petersilie
1 Kistchen Kresse

Zubereitungszeit: *ca. 40 Minuten*
Pro Portion *ca. 320 kcal/1340 kJ,*
24 g E, 19 g F, 7 g KH

1. In einem Spargeltopf oder großen weiten Topf reichlich Wasser mit je 1 Prise Salz und Zucker zum Kochen bringen. Den Spargel ca. 15 Minuten darin garen. Die Stangen herausnehmen, in Eiswasser abschrecken und in 3 cm lange Stücke schneiden.

2. Während der Spargel kocht, den Vollkorntoast in 1–2 cm große Würfel schneiden. Die Butter in einer Pfanne erhitzen und die Toastwürfel darin zu Croûtons rösten. Mit 1 Prise Salz bestreuen.

3. Die Tomaten waschen und in Scheiben schneiden. Die Paprikaschoten waschen, trocken tupfen, längs halbieren, Kerne und Scheidewände sowie Stielansätze entfernen. Dann in 3 cm lange Streifen schneiden. Die Artischockenböden abtropfen lassen und vierteln. Die Schalotte schälen und fein würfeln. Den Friséesalat verlesen, waschen, trocken schleudern und die Blätter in mundgerechte Stücke zupfen.

4. Die Schalottenwürfel mit Essig, Öl und Senf verrühren und mit Salz, Pfeffer und Zucker würzen. Die Salatblätter in einer Schüssel mit dem vorbereiteten Gemüse vermischen. Mit dem Dressing beträufeln. Nun die Croûtons darauf verteilen.

5. Die Petersilie waschen und trocken schleudern. Kresse mit einer Schere abschneiden. Petersilienblätter abzupfen. Kresse und Petersilie auf den Salat streuen.

KRABBENSALAT
mit Cornichons

FÜR 4 PORTIONEN

ZUTATEN

100 g Cornichons
2 Stängel Dill
1 Frühlingszwiebel
70 g Mayonnaise
70 g saure Sahne
1 Spritzer Zitronensaft
300 g küchenfertige Shrimps
(Eismeergarnelen)
2 Prisen Salz
1 Prise Pfeffer
1 Prise Cayennepfeffer

Pro Portion ca. 303 kcal/1269 kJ,
17 g E, 20 g F, 15 g KH
Zubereitungszeit: ca. 10 Minuten

1. Die Cornichons in sehr dünne Scheiben schneiden. Den Dill waschen, trocken schütteln, die Dillspitzen abzupfen und hacken. Die Frühlingszwiebel waschen, putzen, das obere Drittel wegschneiden, den Rest in hauchdünne Ringe schneiden.

2. Die Mayonnaise mit saurer Sahne und Zitronensaft verrühren, anschließend die Shrimps, den Dill und die Frühlingszwiebeln unterrühren. Das Ganze mit Salz, Pfeffer, Cayennepfeffer und eventuell einem weiteren Spritzer Zitronensaft abschmecken.

SOMMERSALAT
mit Ziegenkäse

FÜR 4 PORTIONEN

ZUTATEN

250 g Erdbeeren
3 El Honig
3 El frisch gepresster Zitronensaft
4 El Olivenöl
Salz
Pfeffer
1 kleines Bund Basilikum
250 g gereifter Ziegenkäse (Rolle)
300 g bunter, sommerlicher Pflücksalat
rosa Pfefferbeeren

Pro Portion ca. 329 kcal/1377 kJ, 15 g E, 25 g F, 12 g KH
Zubereitungszeit: ca. 25 Minuten

1. Den Ofen auf 180 °C vorheizen. Die Erdbeeren waschen und putzen. 200 g Erdbeeren mit 1 Esslöffel Honig in ein hohes Gefäß geben und mit dem Stabmixer pürieren. Den Zitronensaft und das Olivenöl zugeben, nochmals kräftig durchmixen und mit Salz und Pfeffer abschmecken.

2. Die restlichen Erdbeeren vierteln oder in Scheiben schneiden. Das Basilikum waschen, trocken schütteln und die Blätter von den Stielen zupfen. Den Ziegenkäse in acht gleich große Scheiben schneiden und auf ein mit Backpapier ausgelegtes Backblech legen. Mit dem restlichen Honig marinieren und für etwa 5 Minuten in den vorgeheizten Ofen geben.

3. In der Zwischenzeit den Pflücksalat mit dem Erdbeerdressing marinieren und auf Tellern anrichten. Mit den Basilikumblättern bestreuen und mit den Erdbeeren garnieren. Den Ziegenkäse aus dem Ofen nehmen und auf die Salate setzen. Mit ein paar rosa Pfefferbeeren bestreuen.

MINI-PIZZA
mit Brokkoli-Boden

FÜR 4 STÜCK

Für den Belag
2 Schalotten
1 Knoblauchzehe
1 Dose Pizzatomaten (400 g)
1 Tl getrockneter Oregano
Salz
Pfeffer
200 g Cocktailtomaten
20 g Rucola
25 g Parmesan
4 Scheiben Parmaschinken

Für den Pizzaboden
250 g Brokkoli
35 g Parmesan
50 g Vollkornmehl, Leinmehl oder Lupinenmehl
1 Tl gemahlene Flohsamenschalen
2 Eier
¼ Tl Salz

Zubereitungszeit: ca. 25 Minuten
(plus Gar- und Backzeit)
Pro Stück ca. 203 kcal/850 kJ,
15 g E, 9 g F, 14 g KH

1. Den Backofen auf 200 °C vorheizen, ein Backblech mit Backpapier belegen. Für den Belag eine Schalotte und den Knoblauch schälen und sehr fein hacken. Mit Pizzatomaten, Oregano, etwas Salz und Pfeffer in einen Topf geben. Aufkochen und offen etwa 10 Minuten köcheln lassen. Dann vom Herd ziehen.

2. Für den Pizzaboden den Brokkoli waschen, trocknen und in Röschen teilen. Anschließend sehr fein (auf Couscous-Größe) hacken.

3. Den Parmesan fein reiben. Mit Mehl, Flohsamenschalen, Eiern und Salz zum Brokkoli geben und alles gut vermengen oder kurz pürieren. Aus der Masse vier 0,5–1 cm dicke Teighäufchen formen und auf dem Backblech verteilen. Auf der zweiten Schiene von unten etwa 10 Minuten vorbacken.

4. In der Zwischenzeit die Cocktailtomaten und den Rucola waschen, trocknen und putzen. Die Tomaten in Scheiben schneiden. Die restliche Schalotte schälen und in feine Ringe schneiden.

5. Nach dem Vorbacken die Pizza dünn mit Tomatensugo bestreichen (nicht alles aufbrauchen, übriges Sugo kann zur Pizza gereicht oder anderweitig verwendet werden), mit Tomatenscheiben und Schalotten belegen. Für weitere 15–20 Minuten backen. Die Tomaten sollten weich sein und der Pizzaboden nur leicht Farbe angenommen haben.

6. Die fertigen Pizzen mit je 1 Scheibe Schinken, Rucola und Parmesan belegen.

Mediterrane
FRITTATA

FÜR 4 PORTIONEN

3 Schalotten
1 große rote Paprikaschote
200 g grüner Spargel oder ½ kleiner
Romanesco
10 Cocktailtomaten (rote und gelbe gemischt)
10 schwarze Oliven ohne Stein
2 Knoblauchzehen
2 El Olivenöl
125 ml Milch
8 Eier
1 gestrichener Tl getrockneter Thymian
1 gestrichener Tl getrockneter Estragon
1 gestrichener Tl getrockneter Oregano
Salz
Pfeffer

Außerdem

Salatblätter nach Wahl
200 g Cocktailtomaten
Salz
Pfeffer
Essig
Öl für das Dressing und zum Einfetten

Zubereitungszeit: ca. 45 Minuten
(plus Backzeit)
Pro Portion ca. 343 kcal/1436 kJ,
19 g E, 24 g F, 12 g KH

1. Den Backofen auf 180 °C vorheizen, eine Auflauf-form (ca. 20 x 28 cm) einfetten. Zuerst das Gemüse für die Frittata waschen und putzen. Die Schalotten schälen. 1 Schalotte in dünne Ringe und ⅓ der Paprika in Ringe oder Streifen schneiden und beiseitestellen. Vom Spargel das untere Drittel schälen und die Enden wegschneiden. Den restlichen Spargel in 3–4 cm lange Stücke schneiden. Romanesco in Röschen teilen. Oliven in Ringe schneiden.

2. Die restlichen Schalotten mit der restlichen Paprika-schote fein hacken. Knoblauch schälen und ebenfalls fein hacken.

3. Das Olivenöl in einer Pfanne erhitzen. Gehackte Schalotten, Knoblauchzehen und Paprika zusammen mit Spargel oder Romanesco darin 10–15 Minuten an-dünsten.

4. Milch, Eier und Kräuter mit einigen Prisen Salz und Pfeffer verquirlen. Das gedünstete Gemüse in die Auf-laufform gießen. Mit Eiermilch begießen und die bei-seitegelegten Schalotten und Paprikastreifen, Oliven und Cocktailtomaten dekorativ in die Form legen. He-rausstehendes Gemüse kurz in die Eiermilch tauchen, so trocknet es nicht aus.

5. Die Frittata 30–40 Minuten backen, bis sie in der Mit-te gestockt ist und an der Oberfläche leicht gebräunt. Frittata in Portionsstücke schneiden und mit dem Salat servieren. Dafür den Salat verlesen, waschen, trocken schütteln, putzen und in mundgerechte Stücke zupfen. Zusammen mit den gewaschenen und geputzten Cocktailtomaten auf Tellern anrichten, würzen und mit einigen Tropfen Essig und Öl besprenkeln. Die Frittata schmeckt warm und kalt.

SPARGEL
in warmer Vinaigrette

FÜR 4 PORTIONEN

2 Eier
1 ½ kg Spargel
Salz
Zucker
2 Scheiben von 1 unbehandelten Zitrone
1 mittelgroße rote Zwiebel
4 El Olivenöl
2 El frisch gepresster Zitronensaft
2 El fein gehackte glatte Petersilie
2 El fein geschnittener Schnittlauch
2 El fein gehackter Kerbel
Pfeffer

Zubereitungszeit: *ca. 40 Minuten*
Pro Portion *ca. 210 kcal/879 kJ,*
12 g E, 14 g F, 10 g KH

1. Die Eier anpieksen, in kochendes Wasser geben und etwa 8 Minuten kochen. Mit kaltem Wasser abschrecken, abkühlen lassen und pellen.

2. Den Spargel schälen und die holzigen Enden entfernen. Den Spargel in kochendem Salzwasser mit etwas Zucker und den Zitronenscheiben etwa 8 Minuten bissfest garen. Vom Kochfond 5 Esslöffel abschöpfen und beiseitestellen. Den Spargel in ein Sieb abgießen und abtropfen lassen.

3. Die gekochten Eier fein hacken. Die Zwiebel schälen und in feine Würfel schneiden. 1 Esslöffel Olivenöl in einer Pfanne erhitzen und die Zwiebelwürfel darin andünsten. Den Spargel in einer Schale anrichten.

4. Aus dem Spargelfond, dem Zitronensaft, dem restlichen Olivenöl und den Kräutern eine Vinaigrette rühren. Mit etwas Zucker, Salz und Pfeffer abschmecken und die Zwiebelwürfel zugeben.

5. Die Zwiebel-Kräuter-Vinaigrette über den Spargel geben. Mit den gehackten Eiern bestreuen und servieren.

INFO

Spargel ist ein super Low-Carb-Gemüse, da er zu 95% nur aus Wasser besteht und kaum Kalorien hat. Außerdem enthält er viele wichtige Vitamine.

PESTO-PIZZA
mit Champignons

FÜR 4 PORTIONEN

600 g Blumenkohl
Salz
125 g Mozzarella
100 g geriebener Parmesan
2 Eier
2 Tl getrocknete italienische Kräuter
200 g Champignons
2 Frühlingszwiebeln
100 g grünes Pesto (Pesto verde, FP)
150 g geriebener Edamer

Zubereitungszeit: *ca. 45 Minuten*
(plus Backzeit)
Pro Portion *ca. 536 kcal/2241 kJ,*
34 g E, 41 g F, 7 g KH

1. Den Blumenkohl waschen, putzen und in kleine Röschen teilen. Diese portionsweise im Blitzhacker zerkleinern, bis sie die Größe von Reis haben. Ohne Blitzhacker den Blumenkohl entsprechend fein hacken. Diesen dann in einen Topf mit wenig Salzwasser geben, einmal aufkochen und ca. 5 Minuten köcheln lassen. Ein Sieb mit einem Mulltuch auslegen (oder ein feines Sieb nehmen) und den Blumenkohl dort hinein abgießen, abtropfen und abkühlen lassen.

2. Den Backofen auf 220 °C vorheizen. Den Mozzarella abtropfen lassen und in Stücke zupfen. Sobald der Blumenkohl abgekühlt ist, das Mulltuch so kräftig wie möglich zusammendrehen und die größtmögliche Flüssigkeitsmenge aus dem Blumenkohl pressen.

3. Den gepressten Blumenkohl mit Parmesan, Mozzarella, Eiern, 1 Prise Salz und den getrockneten Kräutern in eine Schüssel geben und miteinander vermengen, sodass ein Teig entsteht.

4. Diesen auf einem mit Backpapier ausgelegten Backblech verteilen und im Ofen 10–15 Minuten backen. In der Zwischenzeit die Champignons putzen und in feine Scheiben hobeln. Die Frühlingszwiebeln waschen, putzen und in feine Ringe schneiden.

5. Den Pizzaboden mit Pesto bestreichen. Mit Champignons und der Hälfte der Frühlingszwiebeln belegen, mit Edamer bestreuen und weitere 5 Minuten backen. Mit den restlichen Frühlingszwiebeln bestreut servieren.

FLAMMKUCHEN
mit Ziegenkäse und Feigen

FÜR 4 PORTIONEN

250 g Magerquark
4 Eier
150 g geriebener Emmentaler
Salz
Pfeffer
2 rote Zwiebeln
5 Zweige frischer Rosmarin
200 g Ziegencamembert (Rolle)
2 Feigen
200 g Schmand

Zubereitungszeit: *ca. 25 Minuten*
(plus Backzeit)
Pro Portion *ca. 623 kcal/2606 kJ,*
37 g E, 49 g F, 9 g KH

1. Den Backofen auf 200 °C Umluft vorheizen. Für den Teig den Quark mit den Eiern und dem Emmentaler in einer Schüssel vermengen, leicht salzen und pfeffern. Die Masse auf ein mit Backpapier ausgelegtes Backblech geben und glatt streichen. Im Ofen ca. 15 Minuten backen.

2. In der Zwischenzeit die Zwiebeln schälen und in feine Ringe schneiden. Den Rosmarin waschen, trocken schütteln, die Nadeln abzupfen und fein hacken. Den Ziegencamembert in ca. 1 Zentimeter dicke Stücke schneiden. Die Feigen vorsichtig waschen und in dünne Scheiben schneiden.

3. Den gebackenen Boden aus dem Ofen nehmen und den Ofen auf 170 °C Ober-/Unterhitze einstellen.

4. Den Boden mit dem Schmand bestreichen, den Rosmarin drüberstreuen, dann die Zwiebeln und den Ziegenkäse darauf anrichten und auf der untersten Schiene für weitere 15 Minuten backen.

5. Vor dem Servieren mit Pfeffer bestreuen und mit den Feigen belegen.

Geschichtetes
RATATOUILLE

FÜR 4 PORTIONEN

200 g passierte Tomaten aus der Dose
1 kleine Zwiebel
2 Knoblauchzehen
½ Tl getrockneter Oregano
½ Tl Paprikaflocken
2 El Olivenöl
Salz
Pfeffer
1 kleine Aubergine
1 mittelgroße grüne Zucchini
1 mittelgroße gelbe Zucchini
1 große rote Spitzpaprika
2–3 Thymianzweige

Zubereitungszeit: *ca. 20 Minuten*
(plus Garzeit)
Pro Portion *ca. 161 kcal/674 kJ,*
4 g E, 9 g F, 13 g KH

1. Den Ofen auf 200 °C vorheizen. Die passierten Tomaten in eine Schüssel geben. Zwiebel und Knoblauch schälen und in feine Würfel schneiden. Zusammen mit den Gewürzen und 1 Esslöffel Olivenöl mit den Tomaten vermischen, mit Salz und Pfeffer abschmecken und auf dem Boden einer großen Auflaufform verteilen.

2. Die Aubergine und die Zucchini waschen und putzen. Die Paprika waschen, trocken tupfen, längs halbieren, Kerne und Scheidewände sowie Stielansätze entfernen. Dann das Gemüse mit einem scharfen Messer in sehr dünne Scheiben schneiden.

3. Die Gemüsescheiben abwechselnd dachziegelartig auf die Tomatensauce schichten, dabei außen beginnen und sich spiralförmig nach innen arbeiten. Das restliche Olivenöl darüber sprenkeln und mit Salz und Pfeffer kräftig würzen.

4. Die Thymianzweige waschen, trocken schütteln und die Blättchen abzupfen. Das Ratatouille damit bestreuen.

5. Die Auflaufform mit Alufolie bedecken und das Ratatouille für 45–55 Minuten in den Ofen schieben, bis das Gemüse keine Flüssigkeit mehr abgibt, aber noch etwas Biss hat.

SCHARFE SPAGHETTI
aus Zucchini und Pastinake

FÜR 4 PORTIONEN

4 große Tomaten
4–5 große Pastinaken
4 große Zucchini
Salz
2 Knoblauchzehen
1 große Zwiebel
80 g in Öl eingelegte getrocknete Tomaten
4 Stiele Basilikum
8 El Olivenöl
Pfeffer
Chiliflocken
60 g frisch geriebener Parmesan

Zubereitungszeit: *ca. 30 Minuten*
Pro Portion *ca. 299 kcal/1252 kJ,*
7 g E, 28 g F, 9 g KH

1. Die Tomaten putzen, kreuzweise einschneiden, mit kochendem Wasser überbrühen, häuten und entkernen. Das Fruchtfleisch klein würfeln. Die Pastinaken putzen und schälen. Die Zucchini waschen. Jeweils die Enden abschneiden und nacheinander mit dem Spiralschneider in dünne Spaghetti schneiden. Zwischendurch die Nudeln kürzen. Die Zucchininudeln salzen und beiseitestellen.

2. Den Knoblauch und die Zwiebel schälen und fein hacken. Die getrockneten Tomaten klein schneiden. Das Basilikum waschen, trocken schütteln, die Blätter abzupfen und grob hacken. Die Zucchininudeln unter fließend kaltem Wasser abspülen, abtropfen lassen und trocken tupfen.

3. In einer Pfanne das Olivenöl erhitzen. Den Knoblauch und die Zwiebel darin glasig andünsten. Die Pastinakennudeln zugeben und unter Rühren ca. 1 Minute anbraten. Die Zucchininudeln zugeben und 1 weitere Minute braten. Die getrockneten und frischen Tomaten zugeben, mit Salz, Pfeffer und Chiliflocken abschmecken.

4. Die Spaghetti auf Tellern anrichten, mit Basilikum und Parmesan bestreuen und sofort servieren.

TIPP

Lecker schmecken zusätzlich auch angeröstete Pinienkerne, die darübergestreut werden.

SCHAFSKÄSE
mit Oliven und Kräutern

FÜR 4 PORTIONEN

8 Stiele Thymian
½ Bund glatte Petersilie
1 Knoblauchzehe
1 El kleine Kapern
1 Tl abgeriebene Schale von
½ unbehandelten Zitrone
4 El Olivenöl
380 g Feta
100 g schwarze Oliven ohne Stein
500 g bunte Cocktailtomaten
Salz
Pfeffer

Außerdem
4 kleine, flache, ofenfeste Backformen
oder 1 runde, größere Auflaufform

Zubereitungszeit: *ca. 20 Minuten*
(plus Marinier- und Backzeit)
Pro Portion *ca. 420 kcal/1758 kJ,*
18 g E, 35 g F, 6 g KH

1. Die Kräuter waschen, trocken schütteln, die Thymian- und Petersilienblättchen abzupfen und fein hacken. In eine Schüssel geben und die geschälte Knoblauchzehe hinzupressen. Die Kapern und die Zitronenschale sowie 3 Esslöffel Olivenöl unterrühren.

2. Den Feta in nicht zu dünne Scheiben schneiden. Diese vorsichtig mit der Kräuter-Öl-Mischung bedecken und abgedeckt ca. 30 Minuten im Kühlschrank marinieren.

3. Den Backofen auf 220 °C vorheizen. Die Oliven halbieren. Die Cocktailtomaten waschen, trocknen, putzen, halbieren und in einer Schüssel mit dem restlichen Olivenöl, etwas Salz und Pfeffer vermengen.

4. Die Cocktailtomaten auf die 4 kleinen Formen verteilen. Alternativ eine größere Auflaufform verwenden. Die Oliven daraufstreuen, dann den marinierten Feta daraufgeben. Auf der unteren Schiene ca. 30 Minuten backen. Falls der Käse oder die Kräuter zu dunkel werden, lose mit Alufolie abdecken.

5. Herausnehmen, etwas abkühlen lassen und zum Beispiel mit einem cremigen Dip servieren.

ZUCCHINIPUFFER
mit Schafskäse-Dip

FÜR 4 PORTIONEN

800 g Zucchini
Salz
1 kleines Bund Frühlingszwiebeln
2 Knoblauchzehen
200 g Schafskäse
100 g saure Sahne
50 g schwarze Oliven ohne Stein
Pfeffer
*100 g geriebener
Parmesan*
4 Eier
1 Msp. Muskat
2 El Butter
2 Tl Olivenöl

Zubereitungszeit: *ca. 1 Stunde*
Pro Portion *ca. 480 kcal/2010 kJ,
30 g E, 35 g F, 11 g KH*

1. Die Zucchini waschen, putzen und fein raspeln. In eine Schüssel geben, mit ½ Teelöffel Salz vermengen und 20 Minuten ruhen lassen.

2. In der Zwischenzeit die Frühlingszwiebeln waschen, putzen und fein hacken. Den Knoblauch schälen und ebenfalls fein hacken.

3. Für den Dip den Schafskäse mit der sauren Sahne in einer Schüssel verrühren. Die Oliven fein hacken und zusammen mit 2 Esslöffeln gehackten Frühlingszwiebeln unter den Schafskäse-Dip mischen. Mit Salz und Pfeffer abschmecken.

4. Die Zucchini kräftig ausdrücken, dann mit den restlichen Frühlingszwiebeln, Knoblauch, Parmesan, Eiern und Muskat in einer Schüssel vermengen und kräftig mit Salz und Pfeffer würzen.

5. 1 Esslöffel Butter und 1 Teelöffel Olivenöl in einer beschichteten Pfanne erhitzen und portionsweise Zucchinipuffer ausbacken, bis sie goldbraun sind. Dazu mit einem Esslöffel Teigportionen in die Pfanne setzen, etwas platt drücken und bei mittlerer Hitze ca. 5 Minuten je Seite backen. Nach der Hälfte des Teiges das restliche Fett in die Pfanne geben. Die fertigen Zucchinipuffer auf Küchenkrepp abtropfen lassen, im Ofen warm halten und mit dem Schafskäse-Dip servieren.

KRÄUTEROMELETT
mit Tomaten und Rucola

FÜR 4 PORTIONEN

75 g Rucola
350 g Cocktailtomaten
1 kleines Bund gemischte italienische
Kräuter (z. B. Oregano, Thymian, Salbei,
Bohnenkraut, Rosmarin, Majoran)
6 Eier
100 ml Vollmilch
Salz
Pfeffer
5 El Butter
1 Tl Zucker
3 El Aceto Balsamico
125 g Mozzarella

Zubereitungszeit: *ca. 50 Minuten*
Pro Portion *ca. 455 kcal/1905 kJ,*
19 g E, 37 g F, 9 g KH

1. Den Rucola verlesen, waschen, trocken schütteln und klein hacken. Die Tomaten waschen und trocken tupfen. Die Kräuter waschen, trocken schütteln, die Blättchen abzupfen und fein hacken. 2 Esslöffel Kräuter beiseitelegen.

2. Die Eier aufschlagen und mit der Vollmilch und den Kräutern verquirlen. Kräftig salzen und pfeffern.

3. 1 Esslöffel Butter in einer Pfanne erhitzen und schmelzen lassen. ¼ der Eiermasse hineingeben und bei kleiner Hitze und geschlossenem Deckel stocken lassen. Dann auf einen Teller gleiten lassen und im Ofen warm halten. Auf diese Weise 4 Omeletts zubereiten.

4. In der Zwischenzeit in einer zweiten Pfanne die restliche Butter erhitzen und die Tomaten darin schwenken. Den Zucker dazugeben und karamellisieren lassen, dann mit Essig ablöschen, einmal schwenken, leicht salzen und beiseitestellen.

5. Den Rucola mit den restlichen Kräutern vermischen, auf den Omeletts verteilen, die Tomaten und den klein gezupften Mozzarella darübergeben und servieren.

FLEISCHKÜCHLEIN
mit Tomatensalat

FÜR 4 PORTIONEN

400 g Cocktailtomaten
1 rote Zwiebel
2 El Rotweinessig
3 El Granatapfelsirup
Salz
Pfeffer
5 El Olivenöl
1 Zwiebel
1 Knoblauchzehe
50 g Walnüsse
500 g Rinderhackfleisch
je 1 Tl gemahlener Kurkuma,
Kreuzkümmel und Koriander
½ Tl gemahlener Zimt
40 g gehackte Petersilie
2 Eier

Außerdem
Erdnussöl zum Braten

Zubereitungszeit: *ca. 55 Minuten*
Pro Portion *ca. 661 kcal/2767 kJ,*
33 g E, 53 g F, 14 g KH

1. Die Tomaten waschen, trocken reiben und halbieren. Die rote Zwiebel schälen, fein hacken und mit den Tomaten mischen. Rotweinessig, Granatapfelsirup, Salz und Pfeffer vermengen und das Olivenöl einarbeiten. Die Tomaten und die Zwiebeln mit dem Dressing vermischen und durchziehen lassen.

2. Den Backofen auf 140 °C vorheizen. Die Zwiebel und den Knoblauch schälen und fein hacken. In einer Pfanne ca. 1 Teelöffel Erdnussöl erhitzen und die Zwiebeln und den Knoblauch darin glasig dünsten. Abkühlen lassen.

3. Die Walnüsse hacken. In einer großen Schüssel mit der Knoblauch-Zwiebel-Mischung, dem Hackfleisch, den Gewürzen, der Petersilie und den Eiern gründlich verkneten. Mit Salz und Pfeffer abschmecken und nochmals kräftig durchkneten.

4. Aus dem Fleischteig etwa golfballgroße Kugeln formen und etwas flach drücken. In einer beschichteten Pfanne etwas Erdnussöl auf mittlerer Hitze erhitzen und die Fleischküchlein darin portionsweise braten. Sobald sich eine schöne Kruste gebildet hat, die Küchlein wenden und ebenfalls so lange braten, bis eine braune Kruste entstanden ist. In eine feuerfeste Form geben und im Ofen so lange warm stellen, bis alle Fleischküchlein gebraten sind. Mit dem Tomatensalat servieren.

ZUCCHINI-ENCHILADA

FÜR 4 PORTIONEN

4 Zucchini
1 Schalotte
2 El Olivenöl
500 g gemischtes Hackfleisch
200 g stückige Tomaten aus der Dose
3 Tl edelsüßes Paprikapulver
2 Tl rosenscharfes Paprikapulver
2 Tl gemahlener Kreuzkümmel
Salz
150 g geriebener Cheddar
1 Bund frischer Koriander
2 Frühlingszwiebeln
4 El Sour Cream

Außerdem
Butter für die Form

Zubereitungszeit: *ca. 25 Minuten*
(plus Backzeit)
Pro Portion *ca. ca. 569 kcal/2379 kJ,*
38 g E, 43 g F, 8 g KH

1. Den Backofen auf 200 °C vorheizen. Die Zucchini waschen, halbieren und mit einem Teelöffel das Zucchinifruchtfleisch herauskratzen. Das Zucchinifleisch fein hacken. Eine Auflaufform (ca. 30 x 20 cm) fetten und die ausgehöhlten Zucchini hineinlegen. Die Schalotte schälen und fein hacken.

2. Das Olivenöl in einem Topf erhitzen. Die Schalotte darin anschwitzen. Das Hackfleisch zugeben und 5 Minuten anbraten. Dann das Zucchinifleisch zugeben und weitere 5 Minuten anbraten. Die Tomaten, beide Paprikapulver und den Kreuzkümmel zugeben und mit Salz abschmecken.

3. Die Masse in die Zucchinischiffchen füllen, überschüssige Masse in die Auflaufform füllen, den Cheddar drüberstreuen und im Ofen ca. 40 Minuten backen.

4. In der Zwischenzeit den Koriander und die Frühlingszwiebeln waschen, trocken schütteln und putzen. Den Koriander fein hacken, die Frühlingszwiebeln in feine Ringe schneiden.

5. Die Zucchini-Enchilada mit Koriander und Frühlingszwiebeln bestreut servieren. Dazu die Sour Cream reichen.

OFENTOMATEN
mit Salsiccia-Bällchen

FÜR 4 PORTIONEN

400 g kleine Cocktailtomaten
1 Knoblauchzehe
2 El Kräuter der Provence
4 El Olivenöl
Salz
Pfeffer
300 g Salsiccia
2 El Butterschmalz

Zubereitungszeit: *ca. 30 Minuten*
Pro Portion *ca. 422 kcal/1766 kJ,*
16 g E, 39 g F, 3 g KH

1. Den Backofen auf 200 °C vorheizen.

2. Die Tomaten waschen, den Knoblauch schälen und fein hacken. Tomaten, Knoblauch, Kräuter der Provence, Olivenöl, etwa 2 Teelöffel Salz und etwas Pfeffer vermengen und in einer ofenfesten Form (ca. 30 × 20 cm) ca. 20 Minuten backen.

3. Unterdessen die Salsiccia aus der Pelle drücken und das Wurstbrät zu 2 Zentimeter großen Bällchen formen. Das Butterschmalz in einer Pfanne erhitzen und die Bällchen portionsweise ca. 3 Minuten von allen Seiten braun braten. Mit den Ofentomaten servieren.

VARIANTE

Die Ofentomaten schmecken auch sehr lecker mit gebratenen Hähnchenschenkeln. Dazu 4 Hähnchenschenkel waschen, trocken tupfen und mit Salz und Pfeffer würzen. 2–3 Rosmarinzweige waschen und trocken schütteln. Hähnchenschenkel und Rosmarin auf die Tomaten in die Form setzen und zusammen ca. 25 Minuten garen.

SCHINKEN-QUICHE

mit Spinat

FÜR 4 PORTIONEN

ZUTATEN

200 g Mandelmehl
200 g geriebener Parmesan
6 Eier
Salz
1 El Butter
120 g geriebener Edamer
125 g Frischkäse
Pfeffer
300 g Kochschinken
in Scheiben
150 g Babyspinat

Außerdem
Tarteform (Ø 28 cm)
Fett für die Form

Pro Portion ca.961 kcal/4023 kJ,
69 g E, 74 g F, 6 g KH
Zubereitungszeit: 25 Minuten
(plus Backzeit)

1. Den Backofen auf 190 °C vorheizen. Eine Tarteform gründlich fetten. Das Mandelmehl mit dem Parmesan mischen. 2 Eier daruntermengen, mit ½ Teelöffel Salz würzen und die Masse gründlich miteinander verkneten, bis alles gut gemischt ist. Den Teig in die Tarteform drücken und im Ofen ca. 15 Minuten backen, bis er leicht bräunt.

2. Die Butter in einem Topf zerlassen, den Edamer und den Frischkäse zugeben und mit Pfeffer abschmecken.

3. Den Schinken fein würfeln. Den Spinat verlesen, waschen, putzen, trocken schütteln und in feine Streifen schneiden. Mit dem Schinken in einen hohen Rührbecher geben und mit der Frischkäsemasse, den restlichen Eiern, Salz und Pfeffer verquirlen. Die Masse in die Tarteform füllen und 25 Minuten im Ofen backen.

STEAK-PÄCKCHEN
mit Paprika
FÜR 4 PORTIONEN

ZUTATEN

600 g Rinderhüftsteak
je 2 rote und gelbe Paprikaschoten
200 g Zuckerschoten
1 Knoblauchzehe
3 El Olivenöl
Salz
Pfeffer
150 g Gorgonzola

Pro Portion ca. 458 kcal/1922 kJ, 49 g E, 26 g F, 10 g KH
Zubereitungszeit: ca 20 Minuten (plus Backzeit)

1. Das Rinderhüftsteak waschen, trocken tupfen und in 1 ½ Zentimeter breite Streifen schneiden. Die Paprika waschen, putzen, Kerne und Scheidewände sowie Stielansätze entfernen und ebenfalls in schmale Streifen schneiden. Die Zuckerschoten putzen und waschen. Den Knoblauch schälen und in feine Scheiben hobeln.

2. Den Backofen auf 220 °C vorheizen. Eine Grillpfanne erhitzen, Olivenöl hineingeben und die Steakstreifen darin von allen Seiten in 3 Minuten scharf anbraten, dann Paprika, Zuckerschoten und Knoblauch für eine weitere Minute hinzugeben.

3. Vier große Stücke Alufolie zurechtlegen und das Gemüse und die Steakstreifen darauf verteilen. Mit Salz und Pfeffer würzen, Gorgonzola zerbröseln und über Gemüse und Fleisch streuen.

4. Die Päckchen sorgfältig verschließen und auf dem Rost ca. 20 Minuten backen. Wer einen knusprigen Käse mag, kann die Päckchen in den letzten 3–5 Minuten offen garen.

SCHWEINEFILET
im Speckmantel

FÜR 4 PORTIONEN

2 Rosmarinzweige
1 Bund frischer Thymian
Pfeffer
2 Schweinefilets (à ca. 300 g)
10 Scheiben Bacon
2 El Butterschmalz
2 rote Paprikaschoten
2 gelbe Paprikaschoten
4 El Kokosöl
Salz

Zubereitungszeit: *ca. 40 Minuten*
(plus Garzeit)
Pro Portion *ca. 626 kcal/2621 kJ,*
38 g E, 50 g F, 5 g KH

1. Rosmarin und Thymian waschen und trocken schütteln. Die Blättchen abzupfen und grob hacken. Die Hälfte der Blättchen mit etwas Pfeffer mischen und die Filets darin wälzen. Das spitz zulaufende Ende etwas umklappen, so dass ein gleichmäßig dickes Fleischstück entsteht.

2. Die Filets in die Baconscheiben wickeln. Das Butterschmalz in einer Pfanne erhitzen und die Filets darin auf beiden Seiten 2–5 Minuten braun anbraten. Dann den Deckel schließen und die Filets bei schwacher Hitze 15–20 Minuten schmoren lassen.

3. In der Zwischenzeit die Paprikaschoten waschen, trocken tupfen, längs halbieren, Kerne und Scheidewände sowie Stielansätze entfernen und das Fruchtfleisch in Stücke schneiden.

4. Das Kokosöl in der Pfanne erhitzen und die Paprikastücke darin 10–15 Minuten bei mittlerer Hitze braten. Mit Salz und Pfeffer würzen. Die restlichen Kräuter zu den Paprika geben. Zum Filet servieren.

VARIANTE

Probieren Sie das Rezept doch einfach mal mit Rotkohl. Dafür die äußeren Blätter eines Rotkohls entfernen, den Kopf zerteilen und fein hobeln. 200 g gewürfelten Speck in einem Topf zerlassen und den Rotkohl nach und nach zugeben. Mit 150 ml Wasser ablöschen. Eine Birne waschen, entkernen und fein raspeln. Mit etwas Essig, einem Lorbeerblatt, jeweils 6 Wacholderbeeren, Pimentkörnern, Pfefferkörnern und 2 Gewürznelken dazugeben und das Ganze 30–40 Minuten schmoren. Die Gewürze aus dem Kohl herausnehmen, mit Essig und Xylit abschmecken und mit dem Schweinefilet servieren.

SCHWEINERÖLLCHEN
mit Ratatouille

FÜR 4 PORTIONEN

Für die Ratatouille
2 gelbe Paprikaschoten
2 rote Paprikaschoten
2 kleine Zucchini
2 rote Zwiebeln
3 Knoblauchzehen
250 g Cocktailtomaten
1 Bund Thymian
3 El Olivenöl
Salz
Pfeffer
250 ml Gemüsebrühe
3 El Tomatenmark

Für die Schweineröllchen
2 Bund Basilikum
30 g Pinienkerne
30 g frisch geriebener Parmesan
5 El Olivenöl
Salz
Pfeffer
75 g getrocknete Tomaten in Öl
8 kleine Schweineschnitzel (à ca. 75 g)

Außerdem
Küchengarn

Zubereitungszeit: ca. 1 Stunde
(plus Backzeit)
Pro Portion ca. 489 kcal/2047 kJ,
44 g E, 31 g F, 7 g KH

1. Für die Ratatouille die Paprikaschoten waschen, trocken tupfen, längs halbieren, Kerne und Scheidewände sowie Stielansätz entfernen, dann in Streifen schneiden. Die Zucchini waschen, trocknen, putzen und klein würfeln. Zwiebeln und Knoblauch schälen und in feine Streifen schneiden. Die Tomaten waschen, trocken tupfen, putzen und halbieren. Den Thymian waschen, trocken tupfen und die Blättchen abzupfen.

2. Den Backofen auf 180 °C vorheizen. Paprika, Zucchini, Zwiebeln, Knoblauch und Thymian in einer Schüssel mischen. Olivenöl, Salz und Pfeffer hinzugeben und alles vermengen. In der Fettpfanne des Backofens verteilen und ca. 20 Minuten garen.

3. Für das Fleisch das Basilikum waschen, trocken schleudern und die Blättchen hacken. Die Pinienkerne in einer Pfanne ohne Fett goldgelb rösten. Die Hälfte des Basilikums mit dem Parmesan, den Pinienkernen und 3 El Olivenöl pürieren. Salzen und pfeffern. Die Tomaten auf Küchenkrepp trocken tupfen und in Streifen schneiden. Die Schnitzel waschen, trocken tupfen und plattieren. Salzen, pfeffern und mit ca. der Hälfte des Pestos bestreichen. Die getrockneten Tomaten und das restliche Basilikum darauf verteilen. Das Fleisch straff aufrollen und mit Küchengarn fixieren. Das restliche Öl in einer Pfanne erhitzen und die Fleischröllchen ca. 5 Minuten darin rundherum anbraten.

4. Die Gemüsebrühe mit dem Tomatenmark verrühren und mit den Cocktailtomaten nach 20 Minuten zum Gemüse geben. Die Fleischröllchen darauf verteilen und alles weitere 15 Minuten schmoren lassen. Herausnehmen und mit dem restlichen Pesto beträufelt servieren.

HÄHNCHEN-PÄCKCHEN

mit mediterranem Gemüse

FÜR 4 PORTIONEN

600 g Hähnchenbrustfilet
400 g Zucchini
2 rote Paprikaschoten
350 g Cocktailtomaten
1 Zwiebel
1 unbehandelte Orange
5 Zweige frischer Rosmarin
1 Stängel frischer Salbei
6 El Olivenöl
Salz
Pfeffer

Zubereitungszeit: *ca. 25 Minuten*
(plus Backzeit)
Pro Portion *ca. 352 kcal/1474 kJ,*
38 g E, 17 g F, 11 g KH

1. Den Backofen auf 200 °C vorheizen. Die Hähnchenbrust waschen, trocken tupfen und in 2 Zentimeter große Würfel schneiden.

2. Zucchini und Tomaten waschen und putzen. Die Zucchini längs halbieren und in dünne Scheiben schneiden. Die Paprika längs halbieren, Kerne und Scheidewände sowie Stielansätze entfernen. Anschließend in 2 Zentimeter große Stücke schneiden. Die Tomaten halbieren. Die Zwiebel schälen, halbieren und in feine Ringe schneiden. Hähnchen, Zucchini, Paprika, Tomaten und Zwiebel in eine Schüssel geben.

3. Die Orange heiß abspülen, die halbe Schale abreiben und den Saft auspressen. Rosmarin und Salbei waschen, trocken schütteln, Nadeln und Blättchen abzupfen und fein hacken.

4. Orangensaft und -schale mit dem Olivenöl, dem Salbei und dem Rosmarin vermengen und dann zum Hähnchen in die Schüssel geben. Alle Zutaten gründlich miteinander vermengen.

5. Vier große Stücke Alufolie zurechtlegen, die Masse darauf verteilen, salzen und pfeffern, dann sorgfältig verschließen und im Ofen 25–30 Minuten backen.

HÜHNCHEN

mit Kräutermascarpone

FÜR 4 PORTIONEN

1 Knoblauchzehe
6 El Mascarpone
2 El getrockneter Thymian
Saft und abgeriebene Schale von
1 unbehandelten Zitrone
Salz
Pfeffer
4 Hühnerbrustfilets mit Haut
à ca. 200 g
8 Scheiben Schinken
1 Brokkoli

Außerdem
etwas Olivenöl für die Form

Zubereitungszeit: *ca. 30 Minuten*
(plus Garzeit)
Pro Portion *ca. 354 kcal/1482 kJ,*
58 g E, 12 g F, 3 g KH

1. Den Backofen auf 200 °C vorheizen und eine feuerfeste Auflaufform (ca. 30 × 20 cm) mit Olivenöl einfetten.

2. Die Knoblauchzehe schälen und fein hacken. Mit Mascarpone, Thymian, Zitronenschale und etwas Salz und Pfeffer verrühren.

3. Die Häute der Hühnerbrüste anheben, aber nicht ablösen, und die Mascaponecreme unter den Häuten verteilen. Jeweils 2 Scheiben Schinken um die Hühnerbrust wickeln und im Backofen ca. 20 Minuten backen.

4. Unterdessen den Brokkoli waschen, putzen, in Röschen teilen und in kochendem Salzwasser 5–7 Minuten bissfest garen. Danach abgießen und warm stellen.

5. Das Fleisch und den Brokkoli auf vorgewärmten Tellern anrichten. Den Zitronensaft in die Auflaufform geben, mit dem Sud verrühren und diesen über dem Fleisch verteilen.

HÜHNERBRUST
mit Kapern und Oliven

FÜR 4 PORTIONEN

4 Hühnerbrustfilets ohne Haut (à ca. 220 g)
Pfeffer
1 unbehandelte Zitrone
3 Knoblauchzehen
4 El Olivenöl
600 g Tomaten
4 El Tomatenmark
200 ml trockener Weißwein
1 Bund glatte Petersilie
4 Sardellenfilets
130 g Kapernäpfel aus dem Glas
100 g schwarze Oliven ohne Stein
Salz

Außerdem
1 Auflaufform (ca. 24 x 32 cm)

Zubereitungszeit: ca. 20 Minuten
(plus Marinier- und Backzeit)
Pro Portion ca. 575 kcal/2407 kJ,
61 g E, 24 g F, 11 g KH

1. Die Hühnerbrustfilets waschen, trocken tupfen, eventuell vorhandene Sehnen entfernen und das Fleisch längs in 4 Streifen schneiden. In eine Schale legen und kräftig mit dem Pfeffer würzen. Die Zitrone heiß waschen, trocken tupfen, die Schale abreiben und den Saft auspressen. Beides über das Fleisch geben. Den Knoblauch schälen und fein hacken. Mit 3 Esslöffeln Olivenöl ebenfalls zum Fleisch geben. Die Filets in der Mischung wenden und abgedeckt 30 Minuten kalt stellen.

2. In der Zwischenzeit den Backofen auf 180 °C vorheizen. Die Auflaufform mit dem restlichen Olivenöl ausstreichen.

3. Die Tomaten waschen, trocknen, putzen, entkernen und würfeln. Mit dem Tomatenmark und dem Weißwein verrühren. Die Petersilie waschen, trocken schleudern und die Blätter hacken. Die Sardellen abspülen, hacken und mit der Petersilie unter die Tomaten heben. Die Kapernäpfel abtropfen lassen und halbieren. Die Oliven ebenfalls halbieren. Mit den Kapernäpfeln unter die Tomaten heben. Die Marinade hinzurühren und alles mit Salz würzen. Die Mischung ohne das Fleisch in die Auflaufform geben und 40 Minuten im vorgeheizten Ofen backen. Nach 20 Minuten das Hähnchenfleisch hinzugeben.

TIPP

Sie können das Gericht auch ohne Alkohol zubereiten: Ersetzen Sie den Weißwein einfach durch Hühnerbrühe und rühren Sie dann zusätzlich den Saft von ½ Zitrone unter.

FORELLENFILET
in Zitronenöl
FÜR 4 PORTIONEN

ZUTATEN

4 Forellenfilets (insgesamt ca. 800 g)
1 unbehandelte Zitrone
2 Knoblauchzehen
6 El Olivenöl
Salz
Pfeffer
200 g Feldsalat
300 g Artischockenherzen aus dem Glas
2 Msp. gemahlener Anis nach Belieben

Pro Portion ca. 409 kcal/1710 kJ, 45 g E, 23 g F, 4 g KH
Zubereitungszeit: ca. 30 Minuten

1. Den Backofen auf 180 °C vorheizen. Die Forellenfilets waschen und trocken tupfen. Die Zitrone heiß abspülen, die Schale abreiben und den Saft auspressen. Die Knoblauchzehen schälen und fein hacken. 3 Esslöffel Olivenöl mit dem Knoblauch und der Zitronenschale mischen.

2. Die Forellenfilets auf vier Stücke Alufolie verteilen, mit dem Gewürzöl bestreichen, salzen und pfeffern. Dann die Alufolie verschließen und im Ofen ca. 20 Minuten backen.

3. In der Zwischenzeit den Feldsalat waschen, trocken schütteln und putzen. Die Artischockenherzen abtropfen lassen und klein schneiden. Den Zitronensaft und das restliche Olivenöl zu einem Dressing verrühren. Mit Salz, Pfeffer und Anis abschmecken.

4. Den Feldsalat auf einer Servierplatte verteilen, die Artischocken darübergeben, das Dressing darüberträufeln und die Forellenfilets darauf anrichten.

OFENFORELLE
mit Fenchel

FÜR 4 PORTIONEN

ZUTATEN

4 kleine geschuppte, ausgenommene Forellen
1 unbehandelte Zitrone
4 Frühlingszwiebeln
2 Knoblauchzehen
2 kleine Fenchelknollen
2 Tl gerebelter Thymian
6 El Olivenöl
Salz
Pfeffer
8 Scheiben Pancetta

Pro Portion ca. 404 kcal/1691 kJ, 45 g E, 24 g F, 2 g KH
Zubereitungszeit: ca. 20 Minuten (plus Garzeit)

1. Den Backofen auf 225 °C vorheizen und das Backblech mit Backpapier auslegen.

2. Die Forellen abspülen und innen und außen gut trocken tupfen.

3. Die Zitrone heiß abspülen, die Schale abreiben und vier 1 Zentimeter dicke Scheiben aus der Mitte der Zitrone herausschneiden. Die Frühlingszwiebeln waschen und putzen, den Knoblauch schälen und beides in feine Scheiben schneiden. Den Fenchel waschen, putzen und sehr fein hobeln.

4. Zitronenschale, Frühlingszwiebeln, Knoblauch, Fenchel, Thymian und das Olivenöl vermengen, mit Salz und Pfeffer würzen und die Forellen damit füllen. Je 1 Zitronenscheibe auf eine Oberseite der Forelle legen und je 2 Scheiben Pancetta fest um die Zitronenscheibe und die Forelle wickeln. Auf das Backblech legen und ca. 20 Minuten backen.

LACHSPÄCKCHEN
mit Knoblauch-Dill-Butter

FÜR 4 PORTIONEN

4 Lachsfilets ohne Haut (à ca. 250 g)
1 Bund frischer Dill
3 Frühlingszwiebeln
3 Knoblauchzehen
4 El Butter
2 El Zitronensaft
Salz
Pfeffer
200 g Feldsalat
600 g grüner Spargel
3 El Weißweinessig

Zubereitungszeit: *ca. 35 Minuten*
Pro Portion *ca. 571 kcal/2389 kJ,*
54 g E, 37 g F, 6 g KH

1. Den Backofen auf 200 °C vorheizen. Die Lachsfilets waschen und trocken tupfen. Den Dill und die Frühlingszwiebeln waschen, putzen und trocken schütteln. Den Dill fein hacken, die Frühlingszwiebeln in feine Ringe schneiden. Den Knoblauch schälen und fein hacken.

2. 3 Esslöffel Butter in einer Pfanne erhitzen. Den Knoblauch glasig andünsten, den Dill, die Frühlingszwiebeln und den Zitronensaft dazugeben und vermengen.

3. Die Lachsfilets in 4 Stücke Alufolie legen, mit der Knoblauch-Dill-Butter beträufeln und 2 Esslöffel Frühlingszwiebelringe darüberstreuen. Dann den Fisch mit etwas Salz und Pfeffer würzen, die Alufolie schließen und in die Fettpfanne vom Backofen legen. Im Ofen 15–18 Minuten backen. Sind die Filets eher dünn geschnitten, reduziert sich die Backzeit.

4. Inzwischen den Feldsalat waschen, putzen und trocken schütteln. Das untere Drittel vom Spargel schälen und die Stangen schräg in ca. 3 Zentimeter große Stücke schneiden. Die restliche Butter in einer beschichteten Pfanne zerlassen. Den Spargel darin 5 Minuten anbraten, dann 1 Prise Salz, 1 Prise Pfeffer und Essig zugeben und den Spargel darin 2 Minuten schwenken. Dann über den Feldsalat geben und miteinander vermengen.

5. Den ofenwarmen Lachs darauf anrichten, die restlichen Frühlingszwiebelringe darüberstreuen und servieren.

ZANDERFILET

mit Bohnensalat

FÜR 4 PORTIONEN

300 g eingelegte Artischocken
(Abtropfgewicht)
1 ½ Tl eingelegte Kapern
Saft und abgeriebene Schale
von ½ unbehandelten Zitrone
Salz
Pfeffer
70 ml Olivenöl
5 Tl frisch gehackte, gemischte Kräuter
(Petersilie, Schnittlauch, Basilikum, Estragon)
300 g grüne Prinzessbohnen
4 Zanderfilets (à ca. 150 g)

Zubereitungszeit: *ca. 25 Minuten*
(plus Garzeit)
Pro Portion *ca. 319 kcal/1336 kJ,*
33 g E, 19 g F, 4 g KH

1. Den Backofen auf 180 °C vorheizen. Artischocken und Kapern jeweils in ein Sieb abgießen und abtropfen lassen. Die Artischocken in mundgerechte Stücke schneiden. Die Kapern fein hacken, mit Zitronensaft und -schale verrühren, mit Salz und Pfeffer abschmecken, dann 50 ml Olivenöl einarbeiten. Die gehackten Kräuter unterrühren.

2. Die Bohnen waschen, putzen und in einem Topf mit kochendem Salzwasser 10–12 Minuten garen. Etwas abkühlen lassen, dann halbieren oder dritteln. Bohnen und Artischocken mit dem Kräuterdressing vermengen.

3. Den Zander waschen, trocken tupfen und mit dem restlichen Olivenöl einreiben. In einer nicht zu heißen Pfanne von beiden Seiten kurz anbraten, salzen und pfeffern, dann in einer feuerfesten Form im Backofen 5–8 Minuten garen.

4. Den Artischocken-Bohnen-Salat auf die Teller geben und den Fisch darauf anrichten. Sofort servieren.

Cremiger
SEELACHS-TOPF

FÜR 4 PORTIONEN

200 g Pastinaken
200 g Topinambur
Salz
200 g Seelachsfilet
100 g Kabeljaufilet
250 ml Vollmilch
250 ml Sahne
½ Bund frische glatte Petersilie
Saft und Schale von
1 unbehandelten Zitrone
6 Frühlingszwiebeln
1 El Dinkelmehl
Pfeffer

Zubereitungszeit: *ca. 30 Minuten*
Pro Portion *ca. 318 kcal/1331 kJ,*
18 g E, 22 g F, 12 g KH

1. Pastinaken und Topinambur schälen und in Stücke schneiden. In kochendem Salzwasser ca. 5 Minuten garen, abgießen und abtropfen lassen.

2. Den Fisch abspülen und trocken tupfen. Nebeneinander in eine große Pfanne legen, mit Milch und Sahne begießen und zum Simmern bringen. Leicht salzen.

3. Die Petersilie waschen, trocken schütteln, die Blättchen abzupfen und fein hacken, dann beiseitestellen. Die Petersilienstiele und die Zitronenschale zum Fisch geben. Die Pfanne abdecken, den Herd ausschalten und ca. 5 Minuten ziehen lassen. Den Fisch herausnehmen und in mundgerechte Stücke zerteilen, die Petersilienstängel aus der Milchmischung nehmen.

4. Die Frühlingszwiebeln waschen, putzen und in Ringe schneiden. Das Mehl in die Milchmischung streuen und glatt rühren. Die Frühlingszwiebeln zugeben und ca. 5 Minuten simmern lassen, bis die Sauce beginnt einzudicken. Mit Salz und Pfeffer kräftig abschmecken.

5. Gemüse, Fisch und gehackte Petersilienblättchen in die Sauce geben und mit Zitronensaft abschmecken.

INFO

Topiambur stammt ursprünglich aus Nord- und Mittelamerika und wurde erst im 17. Jahrhundert nach Europa gebracht. Auch wenn sie einer deutschen Kartoffel sehr ähnelt, enthält sie dennoch bedeutend weniger Kohlenhydrate als eine Kartoffel und eignet sich somit sehr gut für Low-Carb-Gerichte.

GARNELENPFANNE

mit Tomaten

FÜR 4 PORTIONEN

ZUTATEN

3 Knoblauchzehen
2 El Olivenöl
½ Tl getrockneter Oregano
½ Tl getrocknetes Basilikum
½ Tl getrockneter Estragon
Salz
Pfeffer
2 Zucchini
250 g Cocktailtomaten
500 g küchenfertige Garnelen
120 g geriebener Parmesan
4 Zweige frische glatte
Petersilie
2 El Zitronensaft

*Pro Portion ca. 338 kcal/1415 kJ,
37 g E, 19 g F, 4 g KH
Zubereitungszeit: ca. 30 Minuten*

1. Den Backofen auf 200 °C vorheizen und ein Backblech mit Backpapier auslegen.

2. Den Knoblauch schälen und fein hacken. Mit dem Olivenöl, den getrockneten Kräutern, Salz und Pfeffer vermengen.

3. Die Zucchini waschen, putzen und in 0,5 cm dicke Scheiben schneiden. Die Tomaten waschen und halbieren. Das Gemüse mit der Hälfte der Kräuter-Öl-Mischung vermengen, auf dem Backblech verteilen und ca. 12 Minuten im Backofen backen.

4. Die Garnelen abspülen, trocken tupfen, mit dem Gemüse und der restlichen Ölmischung gut mischen. Den Parmesan darüber verteilen und weitere 7 Minuten backen.

5. Unterdessen die Petersilie waschen, trocken schütteln, die Blätter abzupfen und klein hacken. Die Garnelenpfanne mit Zitronensaft beträufeln und mit Petersilie bestreut servieren.

PAPRIKA-GARNELEN VOM BLECH

mit Sour Cream

FÜR 4 PORTIONEN

ZUTATEN

800 g küchenfertige Garnelen
400 g Brokkoli
Salz
3 Paprikaschoten
1 rote Zwiebel
1 unbehandelte Limette
3 El Kokosöl
2 Tl gemahlener Kreuzkümmel
2 Tl (scharfes) Currypulver
½ Bund frischer Koriander
125 g Sour Cream

Pro Portion ca. 377 kcal/1576 kJ, 43 g E, 17 g F, 10 g KH
Zubereitungszeit: ca. 35 Minuten

1. Die Garnelen waschen und trocken tupfen. Den Brokkoli waschen, trocken schütteln und in Röschen trennen. In einem Topf mit wenig Salzwasser 2–3 Minuten blanchieren, anschließend abschrecken und abtropfen lassen.

2. Den Backofen auf 220 °C vorheizen. Ein Backblech mit Backpapier auslegen. Die Garnelen und den Brokkoli darauf verteilen. Die Paprika waschen, längs halbieren, Kerne und Scheidewände sowie Stielansätze entfernen, in feine Streifen schneiden und ebenfalls auf dem Blech verteilen. Die Zwiebel schälen, in feine Ringe schneiden und zu den Garnelen geben.

3. Die Limette heiß abspülen, die Schale abreiben und den Saft auspressen. Das Kokosöl in einem Topf auf dem Herd erwärmen. Limettensaft und -schale, 1 Prise Salz, Kreuzkümmel und Curry hinzufügen, miteinander vermengen und über die Garnelen und das Gemüse geben. Alles gründlich miteinander vermischen.

4. Im Ofen 10–15 Minuten backen. In der Zwischenzeit den Koriander waschen, trocken schütteln, Blättchen abzupfen, fein hacken und zum Servieren mit der Sour Cream über die Garnelen geben.

HAUPTGERICHTE MIT FISCH & MEERESFRÜCHTEN

GEFÜLLTE PAPRIKA
mit Thunfisch

FÜR 4 PORTIONEN

4 rote Paprikaschoten
4 Dosen Thunfisch im eigenen Saft à 120 g
4 El eingelegte Kapern
70 g schwarze Oliven ohne Stein
3 Frühlingszwiebeln
2 vorgegarte Rote Bete
2 Zweige frischer Majoran
100 g geriebener Bergkäse
5 El Crème fraîche
Salz
Pfeffer

Zubereitungszeit: *ca. 20 Minuten*
(plus Backzeit)
Pro Portion *ca. 430 kcal/1800 kJ,*
28 g E, 30 g F, 11 g KH

1. Den Backofen auf 250 °C vorheizen und ein Backblech mit Backpapier auslegen.

2. Die Paprikaschoten waschen, längs halbieren, die Kerne und die Scheidewände entfernen und mit der Innenseite nach oben auf das Backblech legen.

3. Den Thunfisch und die Kapern abtropfen lassen. Die Kapern fein hacken. Die Oliven in dünne Scheiben schneiden. Die Frühlingszwiebeln waschen, putzen und in dünne Ringe schneiden. Die Rote Bete fein hacken. Den Majoran waschen, trocken schütteln und die Blättchen abzupfen.

4. Thunfisch, Kapern, Oliven, Frühlingszwiebeln, Rote Bete, Majoran, 30 Gramm Bergkäse und die Crème fraîche gut vermengen. Mit Salz und Pfeffer abschmecken und die Masse in die Paprikaschälchen füllen. Mit dem restlichen Käse bestreuen und im Backofen ca. 7 Minuten backen.

VARIANTE

Auch Zucchini und Auberginen eignen sich wunderbar zum Befüllen. Dafür einfach die Zucchini bzw. die Aubergine wachen, putzen und längs halbieren. Das Fruchtfleisch aushöhlen und zu der Füllung hinzugeben.

GEFÜLLTE ZITRONEN
mit Zitronensorbet

FÜR 4 PORTIONEN

2 große unbehandelte Zitronen
3 Kaffir-Limettenblätter
60 g Erythrit
120 g Sahne-Joghurt
120 g Sahne

Außerdem
Zitronenzesten zum Garnieren

Zubereitungszeit: *ca. 20 Minuten*
(plus Zeit zum Ziehen und Gefrierzeit)
Pro Portion *ca. 141 kcal/590 kJ,*
2 g E, 12 g F, 6 g KH

1. Die Zitronen quer halbieren und vorsichtig auspressen. Den Saft in einen kleinen Topf geben, die Zitronen vorsichtig mit einem Teelöffel ausschaben, die Zitronenhälften auf ein Tablett geben und einfrieren.

2. Die Limettenblätter waschen und zum Zitronensaft geben. Das Erythrit mit 3 El Wasser verrühren und ebenfalls in den Topf geben. Alles zum Kochen bringen, einmal aufkochen lassen, dann vom Herd nehmen und 15 Minuten ziehen lassen. Die Limettenblätter aus dem Sirup entfernen.

3. Den Zitronensirup mit dem Joghurt verrühren. Die Sahne steif schlagen und unter den Joghurt heben. Die Creme zugedeckt etwa 2 Stunden einfrieren, dabei alle 20 Minuten kräftig durchrühren.

4. Sobald die Creme angefroren ist, diese in die gefrorenen Zitronenschalen spritzen oder streichen. Abgedeckt etwa 6 Stunden gefrieren lassen. Mit Zitronenzesten bestreut servieren.

VARIANTE

Dieses Dessert lässt sich auch ganz wunderbar mit Orangen zubereiten. Dafür einfach 2 unbehandelte Orangen verwenden und wie oben im Rezept beschrieben verfahren.

SAHNEEIS

mit Brombeeren

FÜR 4 PORTIONEN

ZUTATEN

100 ml Sahne
300 g gefrorene Brombeeren
ca. 80 g Puder-Erythrit

Pro Portion ca. 80 kcal, 2 g E, 8 g F, 3 g KH
Zubereitungszeit: ca. 10 Minuten (plus Kühlzeit)

1. Die Sahne steif schlagen. Die Brombeeren mit dem Puder-Erythrit in einen Mixer geben und fein pürieren.

2. Die Sahne unter das Brombeerpüree rühren und die Masse mindestens 15 Minuten im Gefrierschrank durchkühlen lassen. Noch cremig servieren.

TIPP

Da Obst naturgemäß recht viele Kohlenhydrate hat, sollte man bei einer Low-Carb-Ernährung generell nicht zu viel davon essen bzw. zu kohlenhydratärmeren Sorten greifen. Dazu gehören neben den meisten Beerensorten z. B. Avocado, Rhabarber, Honigmelone und Papaya.

CREMIGER PUDDING
mit Espresso

FÜR 4 PORTIONEN

ZUTATEN

500 g Vollmilch
2 Eigelb
30 g Speisestärke
20 g Instant-Espressopulver
80 g Erythrit

Pro Portion ca. 157 kcal, 6 g E, 8 g F, 15 g KH
Zubereitungszeit: ca. 20 Minuten

1. 5 Esslöffel von der Milch abnehmen und mit den Eigelben und der Speisestärke glatt rühren.

2. Die restliche Milch mit dem Espressopulver und dem Erythrit in einem Topf zum Kochen bringen.

3. Unter ständigem Rühren die Milch-Ei-Mischung zugeben. Einmal aufkochen lassen. Den Pudding in Dessertgläschen füllen.

TIPP

Der köstliche Pudding schmeckt warm, lauwarm oder schön gekühlt gleichermaßen köstlich.

ZITRONENPARFAIT
mit Waldmeister

FÜR 4 PORTIONEN

Saft und Schale von 2 unbehandelten Zitronen
250 g Zucker
1 kleines Bund Waldmeister (gewaschen
und trocken geschüttelt)
3 Eier
250 ml Sahne
30 g Butter
15 g Honig
35 g Puderzucker
20 g Mehl

Außerdem

4 Scheiben von unbehandelten Zitronen
einige Waldmeisterzweige zum Garnieren

Zubereitungszeit: *ca. 40 Minuten*
(plus Zeit zum Ziehen und Einfrieren)
Pro Portion *ca.634 kcal/2652 kJ,*
7 g E, 30 g F, 83 g KH

1. Zitronensaft, 250 ml Wasser und 200 g Zucker aufkochen und köcheln lassen, bis der Zucker sich gelöst hat. Vom Herd nehmen, den Waldmeister und die Zitronenschale zugeben und mindestens 5 Stunden ziehen lassen. Den Sirup anschließend durch ein feines Sieb gießen. 4 Esslöffel Sirup in eine kleine Metallschüssel geben. Den Rest des Zitronen-Waldmeister-Sirups aufkochen. Gekühlt aufbewahren.

2. Die Eier trennen. Das Eigelb zu dem Sirup in die Metallschüssel geben und über einem warmen Wasserbad schaumig aufschlagen. Darauf achten, dass die Schüssel nicht das Wasser berührt und das Ei nicht gerinnt. Die schaumige Masse vom Wasserbad nehmen und so lange weiterschlagen, bis sie abgekühlt ist.

3. Das Eiweiß fest aufschlagen, dabei langsam den restlichen Zucker einrieseln lassen. Die Sahne steif aufschlagen und vorsichtig unter die Eigelbmasse heben. Dann das geschlagene Eiweiß unterheben. Eine Kastenform mit Klarsichtfolie auskleiden und die Parfaitmasse einfüllen. In das Gefrierfach geben und mindestens 5 Stunden gefrieren.

4. In der Zwischenzeit die Butter und den Honig in einen Topf geben und zerlassen. 1 Esslöffel Wasser einrühren und kurz aufkochen. Vom Herd nehmen und den Puderzucker und das Mehl unterrühren. Abkühlen lassen. Aus der Masse etwa 1 cm große Kugeln formen und auf ein mit Backpapier ausgelegtes Backblech setzen. Den Backofen auf 200 °C vorheizen. Das Blech in den Ofen geben und die Kugeln zu goldbraunen Honigblättern ausbacken.

5. Das Zitronen-Waldmeister-Parfait aus dem Gefrierfach nehmen und 10 Minuten antauen lassen. In Scheiben schneiden und mit den Honigblättern anrichten. Mit den Zitronenscheiben und den Waldmeisterzweigen garnieren.

HIMBEER-QUARK
mit Minze
FÜR 6 PORTIONEN

ZUTATEN

600 g Sahnequark
5 El Zucker oder Honig
1 El Zitronensaft
600 g frische Himbeeren
Minzeblättchen zum Garnieren

Pro Portion ca. 123 kcal/515 kJ,
15 g E, 12 g F, 12 g KH
Zubereitungszeit: ca. 20 Minuten
(plus Kühlzeit)

1. Den Sahnequark mit dem Zucker oder dem Honig und dem Zitronensaft verrühren.

2. Die Himbeeren verlesen, waschen und vorsichtig trocken tupfen.

3. Abwechselnd Quark und Himbeeren in eine Schüssel oder Gläser schichten. Dabei einige Himbeeren für die Dekoration zurückbehalten.

4. Den Himbeer-Quark für einige Stunden kühl stellen. Mit Minzeblättchen und den restlichen Himbeeren dekorieren.

MANDELCREME
mit Mandelmus

FÜR 4 PORTIONEN

ZUTATEN

50 g gemahlene Mandeln
2 Eigelb
80 g Erythrit
2 ½ El Speisestärke
500 ml Vollmilch
1 El weißes Mandelmus

Pro Portion ca. 231 kcal/967 kJ,
9 g E, 16 g F, 12 g KH
Zubereitungszeit: ca. 25 Minuten

1. Die Mandeln in einer Pfanne ohne Fett rösten und beiseitestellen. Die Eigelbe mit dem Erythrit weißcremig aufschlagen.

2. Die Speisestärke in einer großen Schüssel mit 6 Esslöffeln der Milch glatt rühren und in die Eigelb-Mischung einrühren.

3. Die restliche Milch zum Kochen bringen, einmal aufkochen und mit dem Schneebesen nach und nach unter die Stärkemischung rühren.

4. Die Mischung zurück in den Topf geben und unter Rühren kurz aufkochen lassen. Vom Herd nehmen, ¾ der Mandeln und das Mandelmus einrühren und die Creme in Dessert-schälchen füllen. Mit den restlichen Mandeln bestreut servieren.

OFENFRÜCHTE
mit Baiserhaube

FÜR 4 PORTIONEN

300 g Beerenmischung (TK)
1 Eiweiß
1 El Zucker
1 P. Vanillezucker

Zubereitungszeit: *ca. 5 Minuten*
(plus Backzeit)
Pro Portion *ca. 54 kcal/226 kJ,*
2 g E, 0 g F, 10 g KH

1. Den Backofen auf 180 °C (Umluft) vorheizen. Die Beeren antauen lassen.

2. Das Eiweiß in einem hohen Gefäß steif schlagen, dabei den Zucker nach und nach einrieseln lassen. So lange quirlen, bis der Eischnee fest und glänzend ist.

3. Die Beeren mit dem Vanillezucker vermischen und in den Förmchen verteilen. Den Eischnee über den Beeren verteilen. Im Backofen 10 Minuten backen, bis das Baiser goldgelb ist.

TIPPS

Statt der Beeren können Sie auch Aprikosen, saftige Pflaumen oder entsteinte Kirschen verwenden.

Auch lecker: Mischen Sie 2 Esslöffel gemahlene und angeröstete Haselnüsse unter den Eischnee.

QUARKMUFFINS
mit Blaubeeren

FÜR 6 STÜCK

ZUTATEN

60 g Mozzarella
250 g Magerquark
100 g Frischkäse
2 Eier
Mark von ½ Vanilleschote
1 Tütchen gemahlener
Safran (0,1 g)
abgeriebene Schale von
½ unbehandelten Zitrone
1 Prise Salz
2 El Birkenzucker
50 g frische Blaubeeren
(oder TK)

Außerdem
Muffinform
Fett für die Muffinform

Pro Stück ca. 163 kcal/679 kJ,
35 g E, 9 g F, 7 g KH
Zubereitungszeit: ca. 10 Minuten
(plus Back- und Abkühlzeit)

1. Den Backofen auf 180 °C vorheizen und die Mulden des Muffinblechs gut einfetten.

2. Den Mozzarella gut abtropfen lassen und grob hacken. Mit Magerquark, Frischkäse und Eiern glatt pürieren. Vanillemark, Safran, Zitronenschale, Salz und Birkenzucker einrühren und den Teig in die Muffinformmulden gießen. Die Blaubeeren darauf verteilen.

3. Die Muffins im vorgeheizten Backofen ca. 35 Minuten backen und bei geschlossener Tür im Backofen auskühlen lassen.

ERDNUSSBUTTER-CREME
mit Frischkäse

FÜR 4 PORTIONEN

ZUTATEN

200 ml Sahne
50 g Xylit
115 g Frischkäse
125 g Erdnussbutter
Mark von 1 Vanilleschote
ca. 40 g geraspelte dunkle Schokolade

Pro Portion: ca. 478 kcal, 14 g E, 43 g F, 11 g KH
Zubereitungszeit: ca. 20 Minuten

1. Die Sahne mit dem Xylit steif schlagen. Etwa 60 g der Sahne für die Garnitur beiseitestellen.

2. Den Frischkäse mit der Erdnussbutter und dem Vanillemark luftig aufschlagen. Dann esslöffelweise unter die Sahne rühren.

3. Die Creme auf Dessertschälchen verteilen, mit einem Sahnehäubchen garnieren und mit Schokoraspeln bestreut servieren.

TIPP

Xylit (Birkenzucker) befindet sich als natürlicher Zuckeralkohol in vielen Früchten und Gemüsesorten sowie in der Rinde bestimmter Holzarten (wie Birke und Buche). Der feinkörnige Zuckerersatzstoff hat keine Auswirkungen auf den Blutzuckerspiegel. Zucker kann 1:1 durch Xylit ausgetauscht werden. Xylit ist in Reformhäusern und im Internet erhältlich.

REZEPTVERZEICHNIS